KB073606

어제 왕초보 오늘은 암기달인 학습법
노래따라 단어암기 • 20일 초단기 완성
첫말잇기
중등영단어
박남규 지음
선행학습겸용

저자 박 남 규

거창고등학교, 한양대학교 영어영문학과, 한양대학교 대학원(영어학전공) 졸업 후, 25여 년 동안 대학강사, 유명 대입전문학원 영어강사, 일간지 대입수능영어 칼럼리스트, 학원 경영자 등의 활동을 해왔고, 노래따라 첫말잇기 자동암기 평생기억 암기법을 창안하여, 그 방법을 토대로, 유아, 유치원, 초등, 중등, 고등, 수능용 첫말잇기 영단어시리즈와 첫말잇기 영단어와 성구암송 등 다수를 저술했고, 현재는 유빅토리 대표 및 조이보카(JOYVOCA) 외국어연구소 소장으로 저작활동에 전념하고 있다.

만든 사람들

저 자 | 박남규 | **발행인** 박남규 | **발행처** 유빅토리

인 쇄 | 홍진씨앤피(주)

발 행 | 2016년 1월 15일

등 록 | 제2014-000142호

주 소 | 서울특별시 강남구 압구정로 224, 208호 (신사동)

본 사 | 전 화 02) 541- 5101 팩스 02) 541- 5103

홈페이지 | www.**첫말잇기**.com

이메일 | ark5005@hanmail.net

*이 책을 무단 복사, 복제, 전재하는 것은 특허법에 위반됩니다.

어제 왕초보 오늘은 암기달인 학습법

노래따라 단어암기 • 2개월 초단기 완성

첫말잇기 중등영단어

박 남 규 지음

선행학습겸용

• 어제 **왕초보** 오늘은 **암기달인** 학습법 •

내비게이터식 자동암기 평생기억

고3 외국어영역 성적이 5~7등급에 지나지 않던, 영어공부와 담쌓았던, 저자의 둘째아들이 9월말부터 입시 전까지 단 1개월 남짓의 집중암기로 2014년 대학입시에서, 소위 SKY대학교(본교) 바이오 의공학부(Bio-Medical Engineering Dept.)에, 수능성적 우수자 우선선발전형으로 합격할 정도의 놀라운 학습법임이 입증되었다.

수많은 영어학원과 각종 영어 학습도구들이 전국 어디에나 넘쳐날 정도로 전 국민이 영어공부에 몰입되어 있지만, 정작 영어구사능력은 전 세계에서 가장 뒤쳐져 있다는 현실은 참으로 안타까운 일이 아닐 수 없다. 투자와 노력만큼 실력이 늘지 않는 것은, 한국인이라면, 모두가 겪고 있는 영어공부의 문제일 것이다. 오랫동안 교육 현장에서, 이런 고질적인 문제의 해법을 찾던 중, 영어공부와는 아예 담쌓고 지내던 저자의 둘째아이가 수능 시험일을 불과 40여일 앞두고 다급하게 도움 요청을 한 것을 계기로, 수년 전부터 생각해 왔던 첫말잇기 방법을 짧은 기간 동안 적용해본 결과, 놀라운 효과를 확인하고, 오랫동안 보다 체계적인 다양한 검증을 거친 후, 자동차 내비게이터가 길을 안내하듯이 단어암기 내비게이터가 암기와 기억을 자동으로 안내하는 신개념 단어암기법 **첫말잇기 자동암기 평생기억법**(특허출원번호 : 10-2014-0023149)을 내놓게 되었다.

아무쪼록, 첫말잇기 영단어암기법이 영어 공부에 어려움을 겪고 있는 모든 분들에게 한줄기 희망의 빛이 되기를 소망하면서 본 교재를 소개한다.

노래가사 글자하나하나가 자동암기 내비게이터

케이블 TV와 유명 도서업체들이 출간 즉시 전국 일간신문 인터넷 홈페이지에 수개월 동안 자체 광고로 소개한 기적의 자동암기 평생기억 암기법(Auto-Memorizing Never Forgotten)

첫말잇기 영단어암기법의 자기주도 학습효과는 역시 놀라웠다.

영어실력이 극히 부진하고 영어에 흥미를 잃은 학생들을 주 대상으로 실험을 했고, 그들 모두가 단기간에 어마어마한 수의 단어를 쉽게 암기했다. 단어의 수가 아무리 많아도, 전혀 부담감을 느끼지 않았고, 암기 후 오랜 시간이 지나도, 암기했던 차례대로 척척 기억해냈다. 기존에 겪었던 암기에 대한 어려움이나 싫증을 느끼지 않았고, 암기 후에 쉽게 잊어버리지도 않았다. 자발적으로 끊임없이 사고 · 추리하도록 학습에 대한 호기심과 동기를 유발시켜주는 자기주도 학습방법이라는 사실도 입증되었다.

암기내비게이터의 안내에 따라 복습을 되풀이하기도 쉽고, 치매나 기억상실증으로 인해 노래가사를 잊어버리지 않는 한, 그것에 대응된 영단어도 오래오래 기억할 할 수 있는 방법임이 입증되었다.

또, 한글을 읽을 수 있는 능력만 있으면, 남녀노소 누구든지 쉽게 암기 가능한 방법이라는 것도 확인되었다.

첫말잇기 자동암기(Auto-Memorizing) 평생기억(Never Forgotten) 암기법

암기내비게이터인 노래가사가, 암기할 단어와 암기한 단어를 자동 안내하기 때문에, 노래가사만 알면 암기가 자동으로 이루어지며, 암기한 단어는 영원히 기억 가능한, 고정관념을 깬 신개념 학습교재이다.

한권 전체 또는 수천 개의 단어를 수록된 순서대로 통째 암기 가능한 암기법

암기내비게이터인 노래가사 순서대로 수록되어 있어서 순서대로 암기가능하며, 한 권 전체, 또는 수천 개의 단어도 순서대로 통째 암기 가능한 학습방법이다. 전 국민이 즐겨 암송하는 애국가, 유명 동요, 유명가요 등의 노래가사의 글자하나하가 단어암기내비게이터 역할을 하기 때문에 많은 영단어들이 가사 순서대로 자동으로 암기되고 기억된다.

영어공부와 담쌓았던 실패자를 모범적 자기주도 학습자로 치유케 하는 암기법

암기내비게이터의 안내만 따라가면, 굳이 머리 싸매고 공부할 필요 없이, 단시간의 암기로도 수많은 단어의 암기가 가능하기에, 최단기간에 최소의 노력으로 기존의 암기법 보다 몇 배 이상의 많은 단어를 암기할 수 있는 암기법이다. 하면 할수록 공부의 재미가 점점 더해지는 첫말잇기 암기법은, 부지런한 소수 악바리들만 성공 가능했던 어려운 영어공부를, 이제, 자신감을 잃고 포기한 게으른 학습 부진자들에게도, 공부의 재미를 회복시켜 모범적인 자기주도 학습자로 거듭나게 하는 학습법이다.

영어 왕초보 학부모님도 자녀들의 훌륭한 과외교사가 될 수 있는 학습법

암기내비게이터의 안내만 따라가면, 영어 왕초보 학부모님도, 자녀들을 과외교사나 학원에 맡길 필요 없이, 직접 **자녀를 개천의 용**으로 양육 가능한, 훌륭한 가정교사가 될 수 있고, 자녀들과 함께 짝을 이뤄 암기하면 부모님도 단기간에 영단어 암기의 달인이 될 수 있는 학습법이다.

선행학습 걱정 끝

암기내비게이터의 안내만 따라가면, 자동 암기되기 때문에, 고학년 난이도의 단어를 저학년들도 쉽게 암기 가능한 자연스럽고 **이상적인 선행학습 방법**이다.

게임처럼 즐길 수 있는 생활 친화적 단어암기놀이 학습법

암기내비게이터의 안내만 따라가면,혼자는 물론이고, 온가족이 함께 할 수도 있고, 부모와 자녀, 또는 친구나 주변의 누구와도 함께 암기할 수 있으며, 마치 유치원이나 초등학교에서 반 전체가 합창으로 구구단을 외우듯이, 즐겁고 신나게 공부할 수 있어서, 어렵고 힘들고 싫어도, 억지로 해야만 하는 영단어공부가 아니라, 노래하며 즐길 수 있는 생활 친화적 단어암기 놀이이다.

기존 단어장보다 3~4배 이상 더 많은 단어 수록

기존 단어장 한 페이지에는 겨우 4~6개의 단어만 수록되어 있고, 나머지 80% 이상의 공간은 단어 이외의 예문이나 파생어 등으로 가득 채워져 있다. '예문이나 파생어를 활용하면 암기나 기억에 더 효율적일수도 있지 않을까'하는 막연한 기대감의 반영이겠지만, 이는 단순히 책 페이지만 늘일 뿐이며, 영단어 암기하기도 어려운데 예문까지 암기해야 하는 이중고만 겪게 하고, 그야말로 영어 공부에 학을 떼게 하는 고문이고, 기대했던 효과를 얻기도 어렵다. 사실 학습자들은 이런 부수적인 내용들에는 십중팔구 눈길조차 주지 않는다. 그러나 첫말잇기 암기법은 이런 소모적인 문제를 걱정할 필요가 없으며, 같은 두께의 책에 다른 단어장들보다 3~4배 이상의 단어가 수록되어 있다.

교포2세의 모국어 학습교재

한국어를 구사할 수 없는 교포2세들의 한글공부는 물론이고 애국가, 우리나라 동요, 시조 등 모국의 문화를 자연스럽게 접할 수 있는 학습용 교재로 활용하기에 아주 좋은 방식으로 구성되어 있다.

세계를 호령하는 소수민족 유태인들의 자녀교육방법인 하브루타식 암기법

암기내비게이터의 안내만 따라가면, 혼자서는 물론이고, 여럿이 함께 낱말게임을 즐기듯이 문답식으로도 자동 암기가 가능하다. 무조건적인 암기가 아니라, 단어암기 내비게이터가 일정한 원리에 따라 자연스럽게, 끊임없이 호기심을 유발시켜, 사고하고 추론하도록 유도한다. 또, 학습상대와 질의 · 응답과 토론을 통해, 학습하는 것을 즐기게 하여, 궁극적으로 창의적인 인재로 키워내는 유태인의 자녀교육 방법인 하브르타방법과 같은 영단어암기방법이라 할 수 있다.

영어공부에 대한 과거의 트라우마 때문에, 영어책을 다시 펼치기조차 두려운, 자신감이 극도로 위축된 기존의 많은 영어 패배자들에게도, 첫말잇기 영단어암기법이 잃었던 자신감과 흥미의 불씨를 되살리는 부싯돌이 되기를 바란다.

유태인들의 자녀교육법 하브루타 교육법이란?

하브루타는 원래 토론을 함께하는 짝, 즉 파트너를 일컫는 말이었는데, 짝을 지어 질문하고 토론하는 교육방법으로 확대 사용되고 있다. 따라서 토론하는 상대방을 말하기도 하고, 짝을 지어 토론하는 행위 자체를 의미하기도 하며, 오늘날은 주로 후자의 경우로 사용되고 있다.

하브루타 교육이란 짝을 지어 질문하고, 대화하며 토론과 논쟁을 통해, 끊임없는 사고작용을 유도하여 뇌의 효율적 발달을 자극하는 교육법으로. 유대인 부모들은 자녀들의 뇌의 자극을 위해 어릴 때부터 끊임없이 왜?라는 질문을 던지게 하여, 호기심을 자극하고 창의적인 사고를 유도한다.

이런 조기의 질의응답식 사고가 다양한 견해, 관점, 시각을 갖게 하여 궁극적으로 창의적인 인재로 성장케 한다. 하브루타는 본래 토론상대와 다른 생각과 다른 시각으로 자신의 견해를 논리적으로 전개하면서 열띤 논쟁을 유도하기 때문에 자연스럽게 창의적 인재양성에 최적의 방법이 되는 셈이다.

이같은 교육이 겨우 600만에 지나지 않는 소수 유대인들이 노벨수상자의 30%를 차지하는 등, 수많은 인재배출로 세계를 호령하게 하는 원동력이 되었다.

저자 박남규

어제 **왕초보** 오늘은 **암기달인** 학습법

첫말잇기 영단어는 이렇게 구성되어 있습니다!

암기내비게이터로 자동암기 평생기억! 첫말잇기 게임식 단어장

노래 가사 글자하나하나가 암기할 단어뿐만 아니라 그 전후의 단어까지도 친절하게 안내하는 **자동암기 평생기억**이 가능하도록 구성했다.

애국가, 인기 동요, 가요, 속담, 시, 시조 등의 가사글자 하나하나가 암기내비게이터 역할을 하도록 왼쪽에 세로로 나열하고, 그 오른쪽에는 암기내비게이터 글자와 첫음절 발음이 같거나(붉은색단어), 또는 우리말 뜻의 첫음절 글자가 같은 영단어(푸른색단어)를 각각 하나씩 대응시켜 노래가사 순서대로 첫말잇기 게임식으로 구성했다. 따라서 노래가사를 통해, 암기할 단어뿐만 아니라, 그 전후에 있는 이미 암기한 단어와 다음에 암기할 단어까지도 자동으로 예측하여 암기 기억할 수 있게 했다.

암기 효율 극대화~ 붉은색 단어의 탁월한 기억효과

푸른색 단어보다 **붉은색 단어**가 암기와 기억에 훨씬 효과적이라는 오랫동안의 실험결과에 따라, **붉은색 단어를 더 많이 수록해서 암기효과가 더욱 탁월하다.**

03 발음기호 몰라도 걱정 끝 우리말로 영어발음 표기

발음기호를 읽을 줄 모르는 학습자도 혼자서 쉽게 발음할 수 있도록, 각 단어 아래에 발음기호뿐만 아니라, 우리말 발음도 가능한 한 영어발음에 가깝게 함께 표기했고, 단어의 제1강세는 **붉은색**, 제2강세는 녹색으로 표시했다.

04 선행학습 겸용 중학과정과 고교과정에 필수 영어표현 수록

영단어와 영어회화 공부뿐만 아니라, 선행학습 효과를 위해서, 중.고교과정에서 필수적인 많은 주요 영어구문과 영어회화 표현들도 쉽게 학습할 수 있도록 첫말잇기 방식으로 수록 되어 있다.

05 PART별로 분야별로 분류

노래가사가 담고 있는 내용에 따라 part 별로 나누어 수록했다.

06 동영상 활용으로 보다 효율적인 암기

노래와 율동으로 영단어를 보다 재미있게 외우는 동영상을 활용하면 암기 효율을 배가시킬 수 있다.

07 QR코드로 배우자! 홈페이지에 접속해 보세요~

QR코드를 통해 홈페이지에 접속해서 다양한 서비스를 이용할 수도 있다.

첫말잇기 단어장

차례보기 01

Ⅰ 나라사랑

II 감사

III 국민 애창동요 (1)

첫말잇기 단어장

차례보기 02

Ⅳ 국민 애창동요 (2)

Ⅴ 국민 인기동요

VI 속담모음

자동암기 평생기억 (Auto-Memorizing Never Forgotten)

Part Ⅰ

노래따라 첫말잇기로 자동암기

나라사랑 (1)

순서

1 애국가 1절

1	동	(구조 · 기능 · 양 등이), 동일하다, 같다, 상당하다, 일치하다	동	correspond [kɔ̀ːrəspάnd] 코러스빤드
2	해	해빗, 습관, 버릇, 습성, 기질, 성질, 체질	명	habit [hǽbit] 해 빗
3	물	물구나무서다, 거꾸로 서다		stand on one's hands 스땐 돈 완즈 핸즈
4	과	과민한, 민감한, 예민한, 느끼기 쉬운, 감수성이 강한	형	sensitive [sénsətiv] 센스디브
5	백	백시네잇, ~에게 예방 접종을 하다, 백신주사를 놓다	동	vaccinate [vǽksənèit] 백서네잇
6	두	두디-쁘리-, 세금 없는, 면세의	형	duty-free [djúːti-fríː] 두디-쁘리
7	산	산업, 공업, 산업계 ; 근면	명	industry [índəstri] 인더스트리
8	이	이벤추얼리, 최후에는, 드디어, 결국, 언젠가는	부	eventually [ivéntʃuəli] 이벤추얼리
9	마	마이저, 구두쇠, 노랑이, 수전노, 불쌍한 사람	명	miser [máizər] 마이저
10	르	어프루-벌, 승인, 찬성, 시인, 인가 허가, 면허	명	approval [əprúːvəl] 어프루-벌

11	고	**고우스트**, 유령, 망령, 허깨비, 환영, 요괴	명	**ghost** [goust] 고우스트
12	닳	**닳아빠진**, 야윈, 초췌한	형	**worn** [wɔːrn] 워– 은
13	도	**도–머토–리**, (대학 따위의) 기숙사, 큰 공동침실	명	**dormitory** [dɔ́ːrmətɔ̀ːri] 도–머토–리
14	록	**옥켜파이, 아켜파이**, 점령[점거]하다, (시간 · 장소 따위를) 차지하다	동	**occupy** [ɔ́kjəpài ,ak-] 오켜파이, 아켜–
15	하	**하락**, 쇠락, 감퇴, 퇴보, 저하 ; 쇠하다, 기울다, 떨어지다	명	**decline** [dikláin] 디클라인
16	느	**느슨한**, 매지 않은, 풀린, 헐거운	형	**loose** [luːs] 루–스
17	님	**임페이션트**, 참을 수 없는, 성마른, 조급한, 성급한	형	**impatient** [impéiʃənt] 임페이션트
18	이	**이퀴벌런트**, 동등한, 같은, (가치· 힘 따위가) 대등한, ~에 상당하는	형	**equivalent** [ikwívələnt] 이퀴벌런트
19	보	**보웃**, 투표, 표결, 투표권, 선거권, 참정권	명	**vote** [vout] 보 웃
20	우	**우두머리**, 장, 지배자, 추장 ; 최고의, 우두머리의	명	**chief** [tʃiːf] 치–쁘
21	하	**하옥하다**, 투옥하다, 수용하다, 감금하다, 구속하다	동	**imprison** [imprízən] 임프리즌

22	사	사례, 실례(example) 예증, 사실, 경우	명	instance [ínstəns] 인스떤스
23	우	우드 래더 ~, 하는 쪽이 더 낫다 ; I would rather stay home. 집에 있는 게 낫겠다.		would rather ~ 우드 래더
24	리	리-즌, 지방, 지역, 지구, 지대, 영역, 범위	명	region [ríːdʒ-ən] 리- 즌
25	나	나잇뽀-올, 해질녘, 황혼, 땅거미	명	nightfall [náitfɔ̀ːl] 나잇뽀-올
26	라	라이징, 떠오르는, 오르는, 오르막의 ; 오름, 상승	형	rising [ráiziŋ] 라이징
27	만	만류하다, 막다, 방해하다, 보호하다, 지키다	동	prevent [privént] 프리벤트
28	세	세이버-, 맛, 풍미, 향기, 흥미, 재미	명	savor [séivəːr] 세이버-
29	무	무한한, 끊임없는, 부단한, 끝없는 ; endless argument 끝없는 논의	형	endless [éndlis] 엔들리스
30	궁	궁금증, 호기심, 캐기 좋아하는 마음, 진기함	명	curiosity [kjùəriásəti] 큐리아서디
31	화	화석, 시대에 뒤진 사람 ; 화석의, 화석이 된	명	fossil [fásl] 빠 슬
32	삼	삼엄한, 엄숙한, 근엄한, 장엄한, 장중한, 중대한	형	solemn [sáləm] 살 럼

33	천	천대, 경멸, 모욕, 치욕, 체면손상	명	contempt [kəntémpt] 컨템트
34	리	리-스트, 가장 작은 ; 가장 적게	형	least [li:st] 리-스트
35	화	화일, 와일, ~하는 동안, ~하면서	접	while [*h*wail] 와 일
36	려	여하튼, 어쨌든		at any rate 앳 에니 레잇
37	강	강도, 빈집털이, 밤도둑, 사기꾼	명	burglar [bə́:rglə*r*] 버-글러
38	산	산물, 생산품, 제작물, 결과, 소산, 성과	명	product [prádəkt] 프라덕트
39	대	대미지, 손해, 손상 ; 손상을 입히다, 손상시키다	명	damage [dǽmidʒ] 대미지
40	한	한결같이, 늘, 늘 그러하듯이		as ever 애즈 에버
41	사	사이컬라지클, 심리학적인, 심리학상의, 정신적인	형	psychological [sàikəládʒikəl] 사이컬라직클
42	람	암체어, 아-암체어, 안락의자 ; 편안한, 이론뿐인, 평론가적인	명	armchair [á:rmtʃὲə*r*] 아-암체어
43	대	대거, 단도, (양날의) 단도	명	dagger [dǽgə*r*] 대 거

44	한	**한정**, 제한, 규제, 제한하는 것, 한계, 한도, 취약점	명	**limitation** [lìmətéiʃən] 리머테이션
45	으	**어플라이**, 적용하다, 응용하다, 이용하다, 붙이다, 신청하다, 지원하다	동	**apply** [əplái] 어플라이
46	로	**로움**, 거닐다, 방랑하다, 배회하다 ; 돌아다님, 배회, 방랑	동	**roam** [roum] 로 움
47	길	**길들이다**, 복종시키다, 따르게 하다, 무기력하게 하다	동	**tame** [teim] 테 임
48	이	**이-퀄**, 같은, 동등한, 적당한, 감당할 수 있는	형	**equal** [íːkwəl] 이- 퀄
49	보	**보우클**, 목소리의, 음성의, 목소리를 내는, 울리는	형	**vocal** [vóukəl] 보우클
50	우	**전-이**, **저-니**, 여행, 여정 ; 여행하다	명	**journey** [dʒəːrni] 저- 니
51	하	**하는 수 없이**, 불가피하게, 필연적으로, 아무래도, 부득이	부	**inevitably** [inévitəbli] 이네비터블리
52	세	**세션**, 개회 중, 개정 중임, 회기, 개정기간	명	**session** [séʃ-ən] 세- 션

2 애국가 2절

1	남	남성의, 남자의, 수컷의, 남성적인, 남자다운 ; 남자, 남성	형	male [meil] 메 일
2	산	산이 많은, 산지의, 산더미 같은, 거대한	형	mountainous [máunt-ənəs] 마운트너스
3	위	위키드, 악한, 사악한, 부정의, 심술궂은, 장난기 있는	형	wicked [wíkid] 위키드
4	에	에너지, 정력, 활기, 원기, 힘, 활동력, 행동력	명	energy [énərdʒi] 에너지
5	저	저버리다, 어기다, 배반하다, 배신하다, 밀고하다	동	betray [bitréi] 비트레이
6	소	소-스, 수원(지), 원천, 근원, 근본, 출처, 자료	명	source [sɔːrs] 소- 스
7	나	나누다, 분류하다, 구분하다, 분배하다, 배포하다, 살포하다	동	distribute [distríbjuːt] 디스드리뷰-읏
8	무	무-디, 변덕스러운, 언짢은, 뚱한, 우울한	형	moody [múːdi] 무- 디
9	철	철학, 지식애(지식에 대한 사랑), 철학정신	명	philosophy [filásəfi] 삘라서삐
10	갑	갑판, 부두 바닥, (전차 · 버스 따위의) 바닥	명	deck [dek] 덱

11	을	얼레디, 올레디, 이미, 벌써, (초조함을 나타내어) 지금 곧 (right now)	부	already [ɔːlrédi] 오-올레디
12	두	두러블, 오래 견디는, 튼튼한, 영속성이 있는, 내구력이 있는	형	durable [djúərəbəl] 듀러블
13	른	언퀘스처느블, 의심할 바 없는, 논의할 여지가 없는, 확실한	형	unquestionable [ʌnkwéstʃənəbəl] 언퀘스처너블
14	듯	듯싶다, ~인 듯이 보이다, ~인 듯이 생각되다	동	seem [siːm] 시- 임
15	바	바운드리, 경계, 경계선, 경계표, 한계, 범위, 영역	명	boundary [báundəri] 바운드리
16	람	암, 아-암, 무기, 병기, 군사, 팔	명	arm [ɑːrm] 아- 암
17	서	서먼, 소환하다, 호출하다, 소집하다, 출두를 명하다	동	summon [sʌ́mən] 서 먼
18	리	리쁠렉트, 반사하다, 되튀다, 반영하다, 반성하다	동	reflect [riflékt] 리쁠렉
19	불	불가피한, 피할 수 없는, 면할 수 없는, 필연의	형	inevitable [inévitəbəl] 이네비터블
20	변	변장, 가장, 위장 ; 변장하다, 가장하다, 위장하다, 속이다	명	disguise [disgáiz] 디스가이즈
21	함	함축하다, 넌지시 비추다, 암시하다, 의미하다	동	imply [implái] 임플라이

22	은	**언브로우큰**, 파손되지 않은, 완전한, 방해되지 않은, 계속되는	형	**unbroken** [ʌnbróukən] 언브로우큰
24	우	**우리**, 새장, 옥사, 감옥, 포로수용소	명	**cage** [keidʒ] 케이지
25	리	**리페어**, 수리하다, 수선하다, 되찾다, 회복하다	동	**repair** [ripέəːr] 리페어
26	기	**기브 뽀-뜨**, (소리·냄새 따위를) 발하다, 내다, 발표하다		**give forth** 기브 뽀-뜨
27	상	**상**, 모습, 모양, 꼴, 초상, 조상, 영상, 형상	명	**image** [ímidʒ] 이미지
28	일	**일렉션**, 선거, 선정, 선임	명	**election** [ilékʃən] 일렉션
29	세	**세너터**, 상원의원, 평의원, 원로원 의원	명	**senator** [sénətər] 세너터

3 애국가 3절

1	가	가–드, 경계, 망을 봄, 감시, 조심, 보호, 경호인, 수위	명	**guard** [gɑ:rd] 가– 드
2	을	얼도우, 비록 ~일지라도, ~이긴 하지만, ~이라 하더라도	접	**although** [ɔ:lðóu] 어–얼도우
3	하	하일리, 높이, 고도로, 세게, 대단히, 격찬하여	부	**highly** [háili] 하일리
4	늘	늘일 수 있는, 넓힐 수 있는, 연장할 수 있는	형	**extensible** [iksténsəbəl] 익스텐서블
5	공	공경, 존경, 경의 ; 점, 관계, 관련	명	**respect** [rispékt] 리스뻭트
6	활	활동, 활약, 행동, 활동범위, 사업, 활기	명	**activity** [æktívəti] 액티버디
7	한	한없이, 무한히, 막대하게, 끝없이, 헤아릴 수 없을 정도로	부	**immensely** [iménsli] 이멘슬리
8	데	데머크래딕, 민주주의의, 민주적인, 서민적인	형	**deaf** [def] 데쁘
9	높	높은 지위의, 고귀한, 고위의, 고상한	형	**exalted** [igzɔ́:ltid] 이그조–올티드
10	고	고우 쁠랫, (타이어가) 펑크 나다		**go flat** 고두 쁠랫

11	구	구경, 관광, 유람 ; 관광의, 유람의	명	sightseeing [sáitsìːiŋ] 사잇시-잉
12	름	음성의, 음성상의, 발음의 음성을 표시하는, 음성학의	형	phonetic [fo*u*nétik] 뽀네딕
13	없	업팔러지, 어팔러지, 사죄, 사과, 변명, 해명, 변호	명	apology [əpálədʒi] 어팔러지
14	이	이미테잇, 모방하다, 흉내 내다, 따르다, 본받다	동	imitate [ímitèit] 이미테잇
15	밝	발런티어, 지원자, 유지, 독지가 ; 자진하여 하다, 지원하다	명	volunteer [vàləntíə*r*] 발런티어
16	은	언다우디들리, 틀림없이, 확실히	부	undoubtedly [ʌndáutidli] 언다우디들리
17	달	달라붙다, 들러붙다, 떨어지지 않다	명	stick [stik] 스 띡
18	은	언다우디들리, 틀림없이, 확실히	부	undo [ʌndúː] 언 두-
19	우	우호적인, 친한, 친절한, 상냥한, 지지하는, 마음에 드는	형	friendly [fréndli] 쁘렌들리
20	리	리코-올, 생각해내다, 상기하다, 되부르다, 소환하다	동	recall [rikɔ́ːl] 리코-올
21	가	가이, 사내, 녀석, 친구, 사람들	명	guy [gai] 가 이

22	슴	섬세한, 우아한, 고운, 민감한, 예민한, 미묘한	형	delicate [délikət] 델리컷
23	일	일리-글, 불법의, 위법의, 비합법적인	형	illegal [illí:gəl] 일리-글
24	편	편견, 선입관, 치우친 생각, 편애	명	prejudice [prédʒudis] 프레주디스
25	단	단위, 구성단위, 단일체, 한 개, 한 사람, 일단	명	unit [jú:nit] 유-닛
26	심	심플리, 솔직히, 순진하게, 소박하게, 알기 쉽게, 단순히	부	simply [símpli] 심플리
27	일	일래버레잇, 정성들여 만들다, 힘들여 마무리하다 ; 정교한, 공들인	동	elaborate [ilǽbərèit] 일래버레잇
28	세	세이크리드, 신성한, 신에게 바쳐진, 종교적인	형	sacred [séikrid] 세이크리드

4 애국가 4절

1	이	**이-치**, 각각의, 각기의, 각자의 ; 저마다, 각각	형	**each** [iːtʃ] 이-치
2	기	**기브 오우버**, 넘겨주다, 양도하다, 맡기다 ; They gave over the criminal to law. 그들은 범죄자를 법의 손에 넘겼다.		**give over** 기브 오우버
3	상	**상(像)**, 조상(彫像), 조각상 ; Statue of Liberty 자유의 여신상	명	**statue** [stǽtʃuː] 스때추-
4	과	**과부**, 미망인, 홀어미	명	**widow** [wídou] 위도우
5	이	**이카너미**, 절약, 효율적 사용, 경제, 경제제도	명	**economy** [ikɑ́nəmi] 이카너미
6	맘	**맘대로의**, 닥치는 대로의, 되는 대로의, 임의의	형	**random** [rǽndəm] 랜덤
7	으	**어마운트**, 총계, 총액, 양 ; (총액이) ~이 되다, ~에 달하다, 이르다	명	**amount** [əmáunt] 어마운트
8	로	**로울**, 구르다, 굴러가다, 회전하다, 진행하다, 굴리다	동	**roll** [roul] 로 울
9	충	**충격**, 자극, 일시적 충격, 충동, 욕구 ; ~에게 충격을 주다	명	**impulse** [ímpʌls] 임펄스
10	성	**성분**, 요소, (구성)분자, 원소	명	**element** [éləmənt] 엘러먼트

번호	첫말	뜻	품사	단어
11	을	얼로-옹, ~을 따라, ~을 끼고, ~ 동안에, ~하는 도중에	전	along [əlɔ́:ŋ] 얼로-옹
12	다	다이얼로그, 문답, 대화, 회화, 의논, 의견 교환	명	dialogue [dáiəlɔ̀:g] 다이얼로-그
13	하	하강, 내리기, 하산, 내리막길, 가계, 혈통, 세습, 몰락	명	descent [disént] 디센트
14	여	여분, 나머지, 잔여, 잉여 ; 나머지의, 잔여의, 과잉의	명	surplus [sə́:rplʌs] 서-펄러스
15	괴	괴상한, 신비한, 불가사의한, 원인 불명의, 이상한	형	mysterious [mistí-əriəs] 미스티-리어스
16	로	로우스트, 굽다, 불에 쬐다, 익히다, 볶다	동	roast [roust] 로우스트
17	우	우매한, 미련한, 어리석은, 바보 같은, 우스운	형	foolish [fú:liʃ] 뿌-울리시
18	나	나스트릴, 콧구멍	명	reflect [riflékt] 리쁠렉
19	즐	즐겁게, 명랑하게, 유쾌하게, 흥겹게	부	merrily [mérəli] 메럴리
20	거	거동하다, 행동하다, 처신하다, 지도하다, 지휘하다	동	conduct [kəndʌ́kt] 컨덕트
21	우	우물, 샘, 광천, 근원, 원천	명	well [wel] 웰

22	나	**나머늘**, 이름의, 명의상의, 이름뿐인, 유명무실한, 보잘 것 없는	형	**nominal** [námənl] 나머늘
23	나	**나이틀리**, 밤에, 밤마다 ; 밤의, 밤에 일어나는	부	**nightly** [náitli] 나잇들리
24	라	**라이블**, 경쟁자, 라이벌, 적수, 대항자, 필적할 사람	명	**rival** [ráiv-əl] 라이블
25	사	**사이언스**, 과학, 자연과학, 과학지식, 기술	명	**science** [sáiəns] 사이언스
26	랑	**앙상블**, 총체, 종합적 효과 ; 함께, 동시에, 일제히	명	**ensemble** [ɑːnsɑ́ːmbəl] 아−안사−암블
27	하	**하울**, 짖는 소리, 신음소리, 아우성, 큰 웃음	명	**howl** [haul] 하울
28	세	**세퍼레잇**, 분리하다, 잘라서 떼어 놓다, 가르다, 식별하다	동	**separate** [sépərèit] 세프레잇

5 한국을 빛낸 100인 1절

1	아	아이설레이션, 고립, 고독, 격리, 분리, 교통차단	명	isolation [àisəléiʃən] 아이설레이션
2	름	음미하다, 맛보다 ; 음미, 시음, 시식, 취미, 좋아함, 기호	동	taste [teist] 테이스트
3	다	아이들, 게으름뱅이의, 태만한, 한가한, 무익한	형	idle [áidl] 아이들
4	운	운디드, 우-운디드, 상처 입은, 부상당한, (감정 등을) 상한	형	wounded [wú:ndid] 우-운디드
5	이	이그잭트, 정확한, 적확한, 정밀한, 꼼꼼한, 엄격한	형	exact [igzǽkt] 이그잭트
6	땅	땅거미, 황혼, 박명, 황혼 때, 저물녘, 새벽녘, 여명기	명	twilight [twáilàit] 트와이라잇
7	에	에러, 잘못, 실수, 틀림, 과실, 실책, 죄	명	error [érər] 에러
8	금	금지하다, 금하다, 방해하다, ~에게 지장을 가져오다	동	prohibit [prouhíbit] 프로히빗
9	수	수-퍼바이저, 관리자, 감독자, 감시자, 감시원	명	supervisor [sú:pərvàizər] 수-퍼바이저
10	강	강하게 하다, 강화하다, 힘을 돋우다, 강해지다	동	strengthen [stréŋkθ-ən] 스뜨랭뜬

11	산	**산뜻한**, 상쾌한, 신선한, 맑은, 생기 있는, 새로운, 싱싱한	형	**fresh** [freʃ] 쁘레시
12	에	**에어**, 상속인, 법정 상속인, 후계자 ; 상속하다	명	**heir** [εə*r*] 에어
13	단	(문장의) **단락**, 절, 항	명	**paragraph** [pǽrəgræ̀f] 패러그래쁘
14	군	**군주**, 지배자, 주인, 하느님, 주, 그리스도	명	**lord** [lɔː*r*d] 로-드
15	할	**할로우**, 속이 빈, 공동의, 내실이 없는, 무의미한, 빈	형	**hollow** [hálou] 할로우
16	아	**아웃워드**, 밖을 향한, 외부로의, 외부의, 바깥쪽의	형	**outward** [áutwə*r*d] 아웃워드
17	버	**버-진**, 처녀, 아기씨 ; 처녀의, 동정의, 순결한, 깨끗한, 처음 겪은	명	**virgin** [vəː*r*dʒin] 버- 진
18	지	**지각**, 표층, 표면, 껍질, 겉모양	명	**crust** [krʌst] 크러스트
19	가	**가이즈**, 외관, 외양(appearance), 겉치레, 겉보기	명	**guise** [gaiz] 가이즈
20	터	**터-머네잇**, **터미네이트**, 끝내다, 종결시키다, 그치다, 종결하다	동	**terminate** [təː*r*mənèit] 터-머네잇
21	잡	**잡아떼다**, 부인하다, 부정하다, 인정하지 않다, 거절하다	동	**deny** [dinái] 디나이

22	으	어퍼, 위쪽의, 위편의, 상부의, 상위의, 상급의	형	upper [ʌ́pər] 어퍼
23	시	시메스터, 한 학기, 반 학년	명	semester [siméstər] 시메스터
24	고	고우 쁘람 투 워어스, 더욱 더 악화되다 ; Things went from bad to worse. 사태는 더욱더 악화되었다.		go from bad to worse 고우 쁘람 배드 터 워-스
25	홍	홍조를 띠다, 얼굴을 붉히다, 부끄러워하다 ; 홍조, 얼굴을 붉힘	동	blush [blʌʃ] 블러시
26	익	익세스, 과다, 과잉, 초과, 초과량, 과도, 월권	명	excess [iksés] 익세스
27	인	인디펜던트, 독립한, 자주의, 독자적인, 독립심이 강한	형	independent [ìndipéndənt] 인디펜던트
28	간	간, 가-안, 지나간, 사라진, 없어진, 가버린, 가망 없는	형	gone [gɑn, gɔːn] 간, 고-온
29	뜻	뜻밖의, 우연한, 우발적인, 고의가 아닌, 부수적인	형	accidental [æksidəntl] 액시던틀
30	으	어프루-브, 승인하다, 찬성하다, 허가하다, 인가하다	동	approve [əprúːv] 어프루-브
31	로	로-, 으르렁거리다, 포효하다, 고함치다, 소리 지르다	동	roar [rɔːr] 로-
32	나	나드, 끄덕이다, 끄덕하고 인사하다, 졸다, 꾸벅꾸벅 졸다	동	nod [nɑd / nɔd] 나드 / 노드

33	라	아니면, 그렇지 않으면, 딴 방법으로, 만약 그렇지 않으면	부	otherwise [ʌ́ðərwàiz] 아더와이즈
34	세	세일, 항해하다, 출범하다, 띄우다 ; 돛, 돛단배, 범선	명	sail [seil] 세일
35	우	우수한, 일류의, 훌륭한, 뛰어난, 남보다 우수한	형	excellent [éksələnt] 엑설런트
36	니	니이틀리, 산뜻하게, 깨끗이, 말쑥하게, 교묘하게, 적절히	부	neatly [níːtli] 니–뜰리
37	대	대출하다, 대부하다, 빌리다, 주다, 빌려주다	동	lend [lend] 렌 드
38	대	대륙, 육지, 본토 ; the New Continent 신대륙	명	continent [kántənənt] 칸터넌트
39	손	손실, 손해, 손실물, 잃음, 분실, 상실, 실패, 패배	명	loss [lɔ(ː)s / lɑs] 로스 / 라스
40	손	손쓰다, 조치를 취하다, 방책을 강구하다		take a step 테이 커 스뗍
41	훌	훌륭한, 존경할만한, 명예 있는, 명예로운, 고귀한, 고위의	형	honorable [ánərəbəl] 아너러블
42	륭	융합, 융해, 용해, 용해물, 합동, 연합	동	fusion [fjúːʒ-ən] 쀼–즌
43	한	한고비, 위기, 갈림길, 중대국면, 난국, 위험상태, 위독한 상태	명	crisis [kráisis] 크라이시스

44	인	인컴, 수입, 소득(주로 정기적인)	명	income [ínkʌm] 인 컴
45	물	물려받다, 상속하다, 몫으로 받다, 재산을 상속하다	동	inherit [inhérit] 인헤릿
46	도	도랑, 개천, 해자, 호, 수로, 배수구	명	ditch [ditʃ] 디 치
47	많	많은		lots of ~ 라처 어브
48	아	아웃스땐딩, 걸출한, 눈에 띄는, 현저한, 돌출한	형	outstanding [àutstǽndiŋ] 아웃스땐딩
49	고	고우 스뜨레잇, 곧장 가다, 잘 되(어 가)다, 착실해지다		go straight 고우 스뜨레잇
50	구	구부리다, 굽히다, 구부러지다, 휘다, 접다	동	bend [bend] 벤 드
51	려	여백의, 백지의, 공백의, 빈, 텅 빈, 무기명의	형	blank [blæŋk] 블랭크
52	세	세퍼레이션, 분리, 떨어짐, 이탈, 이별, 별거	명	separation [sèpəréiʃən] 세퍼레이션
53	운	운반하다, 나르다, 실어 보내다, 휴대하다, 가지고 있다	동	carry [kǽri] 캐 리
54	동	동봉하다, 봉해 넣다, 끼워 넣다, 둘러싸다	동	enclose [enklóuz] 엔클로우즈

55	명	명백한, 명확한, 뚜렷한, 틀림없는, 별개의, 다른, 독특한	형	distinct [distíŋkt] 디스띵트
56	왕	왕관, 제왕의 자리, 왕권	명	crown [kraun] 크라운
57	백	백큐움, 진공, 진공도, 공허, 공백 ; 진공의	명	vacuum [vǽkjuəm] 배큐움
58	제	제스트, 농, 농담, 익살, 조롱, 희롱, 놀림	명	jest [dʒest] 제스트
59	온	온워드, 앞으로, 전방에, 전방으로	부	onward [ɔ́(:)nwərd] 온워드
60	조	조이, 기쁨, 환희, 기쁨의 상태 ; 기뻐하다	명	joy [dʒɔi] 조 이
61	왕	왕좌, 왕의 자리, 옥좌, 왕위, 제위, 왕권	명	throne [θroun] 뜨로운
62	알	알터, 아-알터, 제단, 성찬대	명	altar [ɔ́:ltər] 아-알터, 오-올터
63	에	에어크래쁘트, 항공기	명	aircraft [ɛ́ərkræ̀ft] 에어크래쁘트
64	서	서브젝티브, 주관적인, 사적인, 내성적인, 주격의	형	subjective [səbdʒéktiv] 서브젝티브
65	나	나루터, 나룻배, 연락선 ; 배로 건너다, 나르다	명	ferry [féri] 빼 리

66	온	온 완즈 웨이 홈, 집에 가는 도중에, 집으로 가는 길에		**on one's way home** 온 완즈 웨이 호움
67	혁	**혁명**, 변혁, 회전, 순환, 공전 ; the Industrial Revolution 산업혁명	명	**revolution** [rèvəlú:ʃ-ən] 레벌루–션
68	거	**거래하다**, 장사하다, 취급하다 ; 거래, 관계, 취급	동	**deal** [di:l] 디–일
69	세	**세일즈먼**, 판매원, 점원, 외판원	명	**salesman** [séilzmən] 세일즈먼
70	만	**만녀먼트**, 기념비, 기념 건조물, 기념물, 무덤	명	**monument** [mánjəmənt] 마녀먼트
71	주	**주요한**, 첫째의, 제1의, 최초의, 처음의, 본래의, 초등의	형	**primary** [práimeri] 프라이메리
72	벌	**벌키**, 부피가 커진, 턱없이 큰, (커서) 다루기 거북한	형	**bulky** [bʌ́lki] 벌 키
73	판	**판더**, 숙고하다, 깊이 생각하다, 신중히 고려하다	동	**ponder** [pándər] 판 더
74	달	**달성하다**, 이루다, 성취하다, 완성하다	동	**accomplish** [əkámpliʃ] 어캄플리시
75	려	**여린**, 부드러운, 약한, 씹기 쉬운, 어린, 미숙한	형	**tender** [téndə:r] 텐 더
76	라	**아직까지**, 지금까지		**up to now** 업 투 나우

번호		뜻	품사	단어
77	광	광대한, 넓은, 광범위한, 다방면에 걸친, 해박한	형	extensive [iksténsiv] 익스텐시브
78	개	개념, 관념, 생각, 의견, 의향	명	notion [nóuʃ-ən] 노우션
79	토	토일, 힘든 일, 수고, 노고, 고생 ; 고생하다, 수고하다, 애써 일하다	명	toil [tɔil] 토일
80	대	대즐, 눈부시게 하다, 현혹시키다, 감탄시키다	동	dazzle [dǽzəl] 대 즐
81	왕	왕성하다, 번창하다, 번영하다, 번성하다	동	flourish [flə́:riʃ, flʌ́riʃ] 쁠러-리시, 쁠러리시
82	신	신시어-얼리, 성실하게, 진실하게, 충심으로, 진정으로	부	sincerely [sinsíə:rli] 신시어-을리
83	라	라-안드리, 세탁물, 세탁소, 세탁실	명	laundry [lɑ́:ndri, lɔ́:ndri] 라-안드리, 로-온드리
84	장	장렬한, 영웅적인, 씩씩한, 용감한, 대담한, 과감한	형	heroic [hiróuik] 히로우익
85	군	군락지, 군체, 집단, 식민지	명	colony [kɑ́ləni] 칼러니
86	이	이큅먼트, 장비, 설비, 비품, 준비	명	equipment [ikwípmənt] 이큅먼트
87	사	사라지다, 자취를 감추다, 없어지다, 소실되다, 소멸되다	동	disappear [dìsəpíər] 디스삐어

번호	첫 글자	뜻	품사	단어
88	부	부처, 정육점 주인, 푸주한, 도살업자, 학살자	명	butcher [bútʃər] 부 처
89	백	백서네이션, 종두, 백신주사, 예방접종	명	vaccination [væ̀ksənéiʃən] 백서네이션
90	결	결정하다, 판결하다, 결심하다, 정하다, 해결하다	동	decide [disáid] 디사이드
91	선	선라이즈, 해돋이, 일출, 동틀녘	명	sunrise [sʌ́nràiz] 선라이즈
92	생	생션, 재가, 인가, 찬성 ; 인가하다, 재가하다, 시인하다	명	sanction [sǽŋkʃən] 생 션
93	떡	떡값, 뇌물 ; 매수하다, 뇌물로 꾀다, ~에게 뇌물을 쓰다	명	bribe [braib] 브라이브
94	방	방어, 방위, 수비, 방어물, [방어시설, 요새 ; 저지하다, 방어하다	명	defense [diféns] 디펜스
95	아	아켜페이션, 직업, 업무, 일, 점유, 점유권, 점령	명	occupation [ὰkjəpéiʃən] 아켜페이션
96	삼	삼가는, 분별 있는, 조심성이 있는, 신중한, 세심한	형	prudent [prú:dənt] 프루-든트
97	천	천국, 낙원, 안락, 지복	명	paradise [pǽrədàis] 패러다이스
98	궁	궁극적으로, 결국, 마침내		in the end 인 디 엔드

번호		뜻	품사	단어
99	녀	여분의, 임시의, 특별한, 추가의, 별도의	형	extra [ékstrə] 엑스트러
100	의	의도적으로, 일부러, 고의로, 계획적으로		by design 바이 디자인
101	자	자격을 주다, 권한을 주다, 적합하게 하다, 제한하다	동	qualify [kwάləfài] 콸러빠이
102	왕	왕국, 왕토, 왕령, 왕정, 신국	명	kingdom [kíŋdəm] 킹 덤
103	황	황량한, 황폐한, 쓸쓸한, 외로운, 고독한, 우울한, 어두운	형	desolate [désəlit] 대설릿
104	산	산소, 무덤, 분묘, 묘비	명	grave [greiv] 그레이브
105	벌	벌크, 크기, 부피, 용적, 대부분, 주요한 부분	명	bulk [bʌlk] 벌 크
106	의	의향, 목적, 의지, 의도, 기도, 계획, 의미	명	intent [intént] 인텐트
107	계	계모, 의붓어머니, 서모	명	stepmother [stépmʌ̀ðəːr] 스뗍마더
108	백	백보운, 등뼈, 척추, 분수령, 중추, 중심적인 지주	명	backbone [bǽkbòun] 백보운
109	맞	맞바꾸다, 교환하다, 바꾸다, 환전하다, 교역하다	동	exchange [ikstʃéindʒ] 익스체인지

110	서	서브직, 지배를 받는, 복종하는, 종속하는	형	subject [sʌ́bdʒikt] 서브직
111	싸	싸구려의, 시시한, 값이 싼	형	cheap [tʃiːp] 치-잎
112	운	운운하다, 언급하다, 말하다, 얘기로 꺼내다	동	mention [ménʃən] 멘 션
113	관	관계, 관련, 사이, 국제관계, 이해관계	명	relation [riléiʃ-ən] 릴레이션
114	창	창백한, 핼쑥한, 엷은, 희미한	형	pale [peil] 페 일
115	역	역량, 능력, 재능, 자격, 수용량, 수용능력	명	capacity [kəpǽsəti] 커패서디
116	사	사냥감, 사냥해서 잡은 고기	명	game [geim] 게 임
117	는	언스테디, 불안정한, 건들거리는, 견고하지 않은	형	unsteady [ʌnstédi] 언스떼디
118	흐	흐릿한, 어두운, 어두컴컴한, 분명치 않은, 불명료한	형	obscure [əbskjúər] 업시큐어
119	른	언프리페어드, 준비가 없는, 즉석의, 불의의, 예고 없이 발생하는	형	unprepared [ʌ̀npripɛ́ərd] 언프리페어드
120	다	다운워드, 내려가는, 내리받이의, 아래쪽으로의	형	downward [dáunwərd] 다운워드

6 한국을 빛낸 100인 2절

1	말	말쑥한, 단정한, 말끔히 정돈된, (생각 따위가) 정연한 ; 정돈하다	형	tidy [táidi] 타이디
2	목	목, 막, 조롱하다, 비웃다, 놀리다, 흉내내다, 모방하다	동	mock [mɔ(:)k / mɑk] 목, 막
3	자	자스틀리, 바르게, 공정하게, 정당하게, 당연하게	부	justly [dʒʌ́stli] 자스뜰리
4	른	언프라삐터블, 이익 없는, 수지 안 맞는, 손해되는, 무익한	형	unprofitable [ʌnprάfitəbəl] 언프라삐더블
5	김	김, 증기, 수증기 ; 증발하다, 허세를 부리다, 허풍떨다	명	vapor [véipər] 베이퍼
6	유	유-나잇, 결합하다, 하나로 묶다, 합하다, 합병하다, 합동시키다	동	unite [ju:náit] 유-나잇
7	신	신어-, 시너-, 죄인, 죄 많은 사람, 믿음이 없는 사람	명	sinner [sínə:r] 시너-
8	통	통계, 통계표, 통계학	명	statistics [stətístiks] 스떠디스딕스
9	일	일루-즌, 환영, 환각, 착각, 환상, 망상, 잘못 생각함	명	illusion [ilú:ʒən] 일루-즌
10	문	문맥, 전후관계, 상황, 배경, 사정, 경위	명	context [kάntekst] 칸텍스트

No.		뜻	품사	단어
11	무	무능력한, 무력한, 쓸모없는, ~을 할 수 없는, ~할 힘이 없는	형	incapable [inkéipəbəl] 인케이퍼블
12	왕	왕성하게 자라다, 무성하다, 번창하다, 번영하다, 성공하다	동	thrive [θraiv] 뜨라이브
13	워	워-잉, 워-닝, 경고, 경계, 주의, 훈계, 예고, 통고	명	warning [wɔ́ːrniŋ] 워-닝
14	효	효용, 쓸모가 있음, 유용, 유익, 실용, 실익, 실리	명	utility [juːtíləti] 유-틸러디
15	대	대답하다, 회답을 하다		give an answer 기브 언 앤서
16	사	사이트, 인용하다, 인증하다, 예증하다, 열거하다	동	cite [sait] 사잇
17	해	해치, (알 · 병아리를) 까다, 부화하다, (음모를) 꾸미다, 꾀하다	동	hatch [hætʃ] 해치
18	골	골격, 해골, 뼈만 앙상한 사람 ; 해골의, 말라빠진, 뼈대의	명	skeleton [skélətn] 스켈러든
19	물	물러가다, 후퇴하다, 퇴각하다, 은퇴하다, 그만두다, 물러나다	동	retreat [ritríːt] 리트리-잇
20	혜	혜안, 통찰, 간파, 통찰력 ; a man of insight 통찰력이 있는 사람	명	insight [ínsàit] 인사잇
21	초	초욱, 질식시키다, 숨 막히게 하다, 저지하다, 억제하다	동	choke [tʃouk] 초욱

22	천	(신분 등이) 천한, 비천한, 시시한, 변변찮은, 작은	형	humble [hʌ́mbəl] 엄 블
23	축	축복, 축복의 말, 신의 은총, 신의 가호, 고마운 것	명	blessing [blésiŋ] 블레싱
24	국	국경, 국경지방, 변경, (지식 · 학문 등의) 미개척 영역	명	frontier [frʌntíəːr] 쁘런티어
25	바	바베리언, 야만인, 미개인, 속물, 교양 없는 사람,	명	barbarian [bɑːr bɛ́əriən] 바-베리언
26	다	다웃, 의심, 의혹, 회의, 불신, 불확실함, 의심스러움	명	doubt [daut] 다 웃
27	의	의당, 당연히, 정당하게, 올바르게, 정확히, 적당하게	부	properly [prápərli] 프라펄리
28	왕	왕복, 왕복여행		a round trip 어 라운드 트립
29	자	자이겐딕, 거인 같은, 거대한, 아주 큰, 엄청나게 큰	형	gigantic [ʤaigǽntik] 자이갠딕
30	장	장점, 우수함, 가치, 공적, 공로	명	merit [mérit] 메릿
31	보	보우스트, 자랑하다, 떠벌리다, 큰소리치다 ; 허풍, 자랑	동	boast [boust] 보우스트
32	고	고우 온, 계속하다 ; He went on speaking. 그는 계속해서 이야기했다.		go on 고우 온

번호	첫말	뜻	품사	단어
33	발	발류-움, 볼-륨, 책, 서적, 용적, 부피, 양, 분량, 음량	명	volume [válju:m] 발류-움
34	해	해픈, 일어나다, 생기다, 마침 ~하다, 공교롭게 ~하다	동	happen [hǽpən] 해 픈
35	대	대답, 응답, 반응 ; make no response 응답이 없다	명	response [rispáns] 리스빤스
36	조	조인, 결합하다, 합류하다, ~와 함께 하다, 합하다	명	join [dʒɔin] 조 인
37	영	영스터, 젊은이, 청소년, 아이	명	youngster [jʌ́ŋstə:r] 영스떠
38	귀	귀여워하다, 총애하다, 애무하다, 응석부리게 하다	동	pet [pet] 펫
39	주	주눅 든, 겁 많은, 두려워하는, 소심한, 마음이 약한, 겁에 질린	형	timid [tímid] 티미드
40	대	대즐링, 눈부신, 현혹적인	형	dazzling [dǽzliŋ] 대즐링
41	첩	쳐다보다, 응시하다, 빤히 보다	동	stare [stɛə:r] 스떼어
42	강	강연, 강의, 훈계 ; 강의하다, 강연하다	명	lecture [léktʃə:r] 렉 처
43	감	감동적인, 인상적인, 인상에 남는, 감동을 주는	형	impressive [imprésiv] 임프레시브

44	찬	찬트, 챈트, (노래 · 성가를) 부르다, 영창하다, 칭송하다	동	**chant** [tʃɑːnt, tʃænt] 차-안트, 챈트
45	서	서브직, 주제, 문제, 제목, 학과, 과목, 국민, 신하, 주어	명	**subject** [sʌ́bdʒikt] 서브직
46	희	희-일, 히-일, (병 · 상처 · 마음의 아픔 등을) 고치다, 낫게 하다.	동	**heal** [hiːl] 히-일
47	거	거만한, 잘난 체하는, 뽐내는, 자존심이 있는, 자랑할 만한	형	**proud** [praud] 프라우드
48	란	안내, 통지, 전달, 보고, 보도, 안내소	명	**information** [ìnfərméiʃən] 인뻐메이션
49	족	족한, 충분한, 많은 ; 많음, 가득, 풍부, 다량	형	**plenty** [plénti] 플렌티
50	무	무례한, 버릇없는, 실례되는	형	**impolite** [ìmpəláit] 임펄라잇
51	단	단점, 약점, 결점, 결함, 부족, 결손, 흠	명	**defect** [difékt] 디뻭트
52	정	정말, 과연, 확실히, 실로, 참으로	부	**indeed** [indíːd] 인디드
53	치	치어, 환호, 갈채, 만세, 격려, 응원 ; 갈채를 보내다, 응원하다	명	**cheer** [tʃiər] 치어
54	정	정신의, 마음의, 이지의, 이지적인, 정신병의	형	**mental** [méntl] 멘 틀

55	중	중력, 지구인력, 중대함, 삼상치 않음, 진지함, 근엄함	명	gravity [grǽvəti] 그래버디
56	부	부킹, (좌석 따위의) 예약, 출연의 계약, 장비 기입	명	booking [búkiŋ] 부킹
57	화	화려한, 빛나는, 훌륭한, 장한, 멋진, 근사한	형	splendid [spléndid] 스쁠렌디드
58	포	포이즌, 독, 독물, 독약, 폐해, 해독 ; 독살하다	명	poison [pɔ́izən] 포이즌
59	최	최악의, 가장 나쁜, 가장 심한	형	worst [wəːrst] 워–스트
60	무	무가치한, 무익한, 가치 없는, 하잘 것 없는, 쓸모없는	형	worthless [wə́ːrθlis] 워–뜰리스
61	선	선비 – 임 , 일광 , 광선 , 햇살	명	sunbeam [sʌ́nbìːm] 선비–임
62	죽	죽이다 , 살해하다 , 학살하다 , 파괴하다 , 근절시키다	동	slay [slei] 슬레이
63	림	림 , 가장자리 , (수레바퀴 등의) 테 , 외륜 (外輪)	명	rim [rim] 림
64	칠	칠하다 , 풀칠하다 , 풀로 바르다 , 풀칠하여 봉하다 ; 풀 , 반죽	동	paste [peist] 페이스트
65	현	현상 , 사건 , 외상	명	phenomenon [finάmənὰn] 삐나머난

번호		뜻	품사	단어
66	김	김을 푹푹 내뿜는	형	steaming [stíːmiŋ] 스띠–밍
67	부	부점, 가슴, 흉부, 품, 가슴속, 내심, 속	명	bosom [búzəm] 부 점
68	식	식, 병의, 병에 걸린, 메스꺼운, 느글거리는	형	sick [sik] 식
69	지	지–얼라직, 지질학상의, 지질의	형	geologic [dʒìːəládʒik] 지–얼라직
70	눌	눌린, 억눌린, 억압된, 압제된, 탄압받는, 학대받는	형	oppressed [əprést] 어프레스트
71	국	국면, 정세, 형세, 상태, 지위, 일, 일자리, 위치, 장소, 소재	명	situation [sìtʃuéiʃ-ən] 시추에이션
72	사	사쁘모–, (4년제대학·고등학교의) 2년생, 2학년	명	sophomore [sáf-əmɔ̀ːr] 사쁘–모
73	조	조이뻘, 즐거운, 기쁜, 기쁘게 하는, 기쁜 듯한	형	joyful [dʒɔ́ifəl] 조이뻘
74	계	계산, 셈, 계산서, 청구서, 예금계좌, 설명, 답변, 변명	명	account [əkáunt] 아카운트
75	종	종류, 종(種); a species of ~ 일종의 ~	명	species [spíːʃi(ː)z] 스삐시즈
76	의	의심, 혐의, 미심쩍음	명	suspicion [səspíʃən] 서스삐션

No.	첫말	뜻	품사	영단어
77	천	천직, 사명, 임무, 직무, 전도, 포교, 사절단	명	mission [míʃ-ən] 미 션
78	천	천, 직물, 편물, 구조, 조직, 구성	명	fabric [fǽbrik] 빼브릭
79	태	태만한, 부주의한, 경솔한, 조심성 없는, 소홀한	형	careless [kέərlis] 케얼리스
80	종	종결, 결말, 결론, 끝맺음, 종국, 최종적 해결	명	conclusion [kənklúːʒən] 컨클루–즌
81	대	대체로, 일반적으로, 보통, 대개		in general 인 제느럴
82	마	마이노–러디, 소수파, 소수자의 무리, 소수당, 소수민족	명	minority [mainɔ́ːrəti] 마이노–러디
83	도	도우스, (약의) 일 회분, 복용량, 한 첩	명	dose [dous] 도우스
84	정	정치의, 정치상의, 정당의, 당략의, 정략적인	형	political [pəlítikəl] 펄리디컬
85	벌	벌루–운, 기구, 풍선, 시험기구	명	balloon [bəlúːn] 벌루–운
86	이	이–블, 나쁜, 사악한, 흉악한, 불길한, 불운의 ; 악, 사악, 해악	형	evil [íːvəl] 이–블
87	종	종용하다, 설득하다,권유하다, 납득시키다, 믿게 하다	동	persuade [pəːrswéid] 퍼–스웨이드

88	무	**무-빙,** 움직이는, 감동시키는, 심금을 울리는	형	**moving** [mú:viŋ] 무- 빙
89	일	**일렉트,** 선거하다, 뽑다, 선임하다, 선택하다	동	**elect** [ilékt] 일렉트
90	편	**편리한,** 사용하기 좋은[알맞은], 편의한, 형편 좋은,	형	**convenient** [kənví:njənt] 컨비-년트
91	단	단백질	명	**protein** [próuti:in] 프로우티-인
92	심	**심, 시-임,** ~으로 보이다, ~인 것 같다, ~로 생각되다	동	**seem** [si:m] 시-임
93	정	**정도,** 등급, 단계, 계급, 지위, 온도	명	**degree** [digrí:] 디그리-
94	몽	**몽상,** 공상, 백일몽 ; 몽상에 잠기다	명	**daydream** [déidrì:m] 데이드리-임
95	주	**주요한,** 주된, 중요한, 주요 부분을 이루는	형	**main** [mein] 메 인
96	목	**목커리, 마커리,** 비웃음, 냉소, 놀림, 모멸, 흉내, 가짜	명	**mockery** [mɔ́(:)kəri, mάk-] 모커리, 마커리
97	화	**화학의,** 화학상의, 화학용의, 화학적인	형	**chemical** [kémikəl] 케미클
98	씨	**씨디즌,** (도시의) 시민, 일반인, 민간인, 내국인	명	**citizen** [sítəzən] 씨터즌

99	는	언유즈드, 쓰지 않는, 사용하지 않는, 쓴 적이 없는, 익숙지 않은	형	unused [ʌnjúːzd] 언유-즈드
100	문	문명, 문화, 문명화, 교화, 개화	명	civilization [sìvəlizéiʃən] 시벌리제이션
101	익	익셉트, ~을 제외하고, ~외에는 ; We are all ready except you. 너 말고는 우린 모두 준비가 돼 있다.	전	except [iksépt] 익셉트
102	점	점프 투[앳] 어 컨클루즌, 속단하다, 지레짐작하다		jump to[at] a conclusion 점프 터[앳] 컨클루-즌
103	해	해지하다, 무효로 하다, 말소하다, 지우다, 삭제하다	동	cancel [kǽnsəl] 캔 슬
104	동	동작, 움직임, 운동, 이동, 이사 ; 감동시키다, 자극하다	명	move [muːv] 무- 브
105	공	공갈, 으름, 위협, 협박, 우려	명	threat [θret] 뜨 렛
106	자	자본, 자본금, 원금, 밑천, 자재, 대문자, 수도	명	capital [kǽpitl] 캐피들
107	최	(최)체리쉬, 소중히 하다, 귀여워하다, (소원 등을) 품다	동	cherish [tʃériʃ] 체리시
108	충	충실한, 성실한, 믿을 수 있는, 정확한, 믿음이 굳센	형	faithful [féiθfəl] 뻬이뜨뻘
109	삼	삼가는, 조심하는, 주의 깊은, 신중한	형	cautious [kɔ́ːʃəs] 코-셔스

110	국	국지적인, 지역적인, 지방의, 고장의, 지역의	형	local [lóukəl] 로우클
111	유	유-니-익, 유일무이한, 하나밖에 없는, 독특한	형	unique [juːníːk] 유-니-익
112	사	사일런스, 침묵, 무언, 무소식, 고요함, 정적	명	silence [sáiləns] 사일런스
113	일	일리트레잇, 무식한, 문맹의, 무학의, 교양이 없는	형	illiterate [ilítərit] 일리트릿
114	연	연금, 양로연금, 부조금, 장려금, 보호금	명	pension [pénʃən] 펜 션
115	역	역량, 능력, 재능, 자격, 수용량, 수용능력	명	capacity [kəpǽsəti] 커페서디
116	사	사냥감, 사냥해서 잡은 고기	명	game [geim] 게 임
117	는	언스테디, 불안정한, 건들거리는, 견고하지 않은	형	unsteady [ʌnstédi] 언스떼디
118	흐	흐릿한, 어두운, 어두컴컴한, 분명치 않은, 불명료한	형	obscure [əbskjúər] 업시큐어
119	른	언프리페어드, 준비가 없는, 즉석의, 불의의, 예고 없이 발생하는	형	unprepared [ʌ̀npripέərd] 언프리페어드
120	다	다운워드, 내려가는, 내리받이의, 아래쪽으로의	형	downward [dáunwərd] 다운워드

7 한국을 빛낸 100인 3절

1	황	**황동**, 놋쇠, 놋제품	명	**brass** [bræs] 브래스
2	금	**금하다**, 금지하다, 허락하지 않다, 허용하지 않다	동	**forbid** [fəːrbíd] 뽀–비드
3	을	**보더–, 바더–**, ~을 괴롭히다, 귀찮게 하다, 성가시게 하다	동	**bother** [bɔ́ðəːr, báð-] 보더 –, 바더–
4	보	**기브 오쁘**, (냄새 · 빛 따위를) 내다, 방출하다 ; Cheap oil gives off bad odor. 싼 기름은 악취를 발한다.		**give off** 기브 오쁘
5	기	**기도**, 빌기, 소원, 기도의 문구, 기도하는 사람	명	**prayer** [prɛər] 프레어
6	를	**얼라–밍**, 놀라운, 걱정스러운, 불안한, 급박한	형	**alarming** [əláːrmiŋ] 얼라–밍
7	돌	**돌보다**, ~을 보살피다, ~에 조심하다, ~을처리하다		**take care of ~** 테익 케어 로브
8	같	**같게**, 유사하게, 비슷하게	부	**similarly** [símələrli] 시멀럴–리
9	이	**이그젬트**, 면제하다, 면역성을 주다 ; 면제된, 면세의, 면역의	동	**exempt** [igzémpt] 이그젬트
10	하	**하–디**, 강건한, 튼튼한, 내구력이 있는, 고통에견디는	형	**hardy** [háːrdi] 하– 디

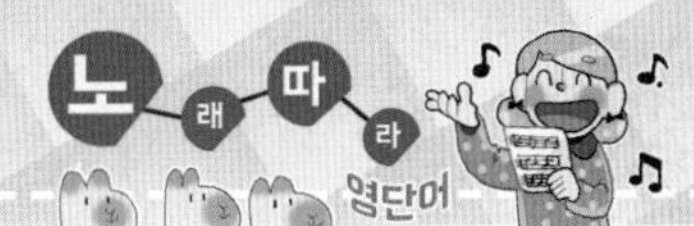

11	라	라우즈, 깨우다, 일으키다, ~의 의식을 회복시키다, (감정을) 돋우다	동	rouse [rauz] 라우즈
12	최	최신의, 최근의, 맨 뒤의, 가장 늦은, 최후의	형	latest [léitist] 레이디스트
13	영	영광, 명예, 영예, 칭찬, 찬미 ; 기뻐하다	명	glory [glɔ́:ri] 글로-리
14	장	장교, 사관, 고급선원	명	officer [ɔ́(:)fisər] 오삐서
15	군	군의, 군대의, 군사의, 군용의, 호전적인, 전투적인	형	military [míliteri] 밀리테리
16	의	의지하다, 신뢰하다, 기대하다	동	rely [rilái] 릴라이
17	말	말다툼, 싸움, 불화 ; 싸우다, 다투다, 비난하다	명	quarrel [kwɔ́:rəl] 콰-를
18	썸	썸데이, 언젠가, 훗날에	부	someday [sʌ́mdèi] 섬데이
19	받	받-터, 바-터, 물물교환하다, 교역하다 ; 물물교환	동	barter [bɑ́:rtər] 바- 터
20	들	들애쁘트, 드래쁘트, 도안, 초안, 밑그림, 설계도, 징병, 신인선발제도	명	draft [dræft] 드래쁘트
21	자	자산, 재산, 소유, 소유권, 성질, 특성, 고유성	명	property [prɑ́pərti] 프라퍼디

번호	머리글자	뜻	품사	단어 / 발음
22	황	황당한, 터무니없는, 부조리한, 불합리한, 우스꽝스런	형	absurd [æbsə́ːrd] 앱서–드
23	희	희스토–리언, 히스토–리언, 역사가, 사학자, 사학 전공자, 연대기 편자	명	historian [histɔ́ːriən] 히스토–리언
24	정	정션, 연합, 접합, 교차점, 접합점	명	junction [dʒʌ́ŋkʃən] 정 션
25	승	승무원, 시중드는 사람, 수행원	명	attendant [əténdənt] 어텐던트
26	맹	맹렬한, 모진, 성난, 격노한, 화가 치민, 광포한, 무서운	형	furious [fjú-əriəs] 쀼리어스
27	사	사로우뻘, 소로우뻘, 슬픈, 비탄에 잠긴, 불행한	형	sorrowful [sɑ́roufəl, sɔ́ːr-] 사로뻘, 소–로뻘
28	성	성컨, 가라앉은, 물속의, 물 밑의, 움푹 들어간	형	sunken [sʌ́ŋkən] 성 컨
29	과	과세하다, 무거운 짐을 지우다 ; 세, 세금, 부담, 조세	동	tax [tæks] 택 스
30	학	학설, 설, 법칙, 이론, 원리, 규칙, 의견, 이치	명	theory [θíːəri] 띠–어리
31	장	장부, 기록부, (출생·선적 등의) 등록부, 목록, 기록	명	register [rédʒəstər] 레저스떠–
32	영	영역, 범위, (학문의) 부문, (동식물 분포의) 권(圈), 대(帶)	명	realm [relm] 렐 럼

33	실	실행, 실시, 실제, 실습, 연습, 버릇, 습관, 관례, 풍습	명	practice [præktis] 프랙티스
34	신	신드로움, 증후군, 일련의 징후, 일정한 행동양식	명	syndrome [síndroum] 신드로움
35	숙	숙명, 운명, 운, 비운, 인연, 죽음, 최후, 파멸	명	fate [feit] 빼 잇
36	주	주-버늘, 주-버나일, 젊은, 어린, 소년의	형	juvenile [dʒúːvənəl, -nàil] 주-버늘, 주-버나일
37	와	와이즈, 슬기로운, 현명한, 총명한, 사려 있는	형	wise [waiz] 와이즈
38	한	한숨, 한 호흡, 숨, 호흡	명	breath [breθ] 브래뜨
39	명	명성 있는, 유명한, 이름난, 잘 알려진, 훌륭한	형	famous [féiməs] 뻬이머스
40	회	회상하다, 생각해 내다, 종교적 명상에 잠기다, 상기하다	동	recollect [rèkəlékt] 레컬렉트
41	역	역으로 하다, 반대로 하다, 거꾸로 하다, 뒤집다 ; 역으로의, 반대의	동	reverse [rivəːrs] 리버-스
42	사	사라지다, 자취를 감추다, 희미해지다, 없어지다	동	vanish [vǽniʃ] 배니시
43	는	언와이즈, 지각없는, 분별없는, 지혜가 없는, 어리석은, 천박한	형	unwise [ʌnwáiz] 언와이즈

44	안	**안마**, 마사지 ; 안마하다, 마사지 하다, 부추기다	명	**massage** [məsɑ́:ʒ] 머사-지
45	다	**다소간**, 어느 정도까지, 어느 정도로		**to some degree** 투 섬 디그리-
46	십	**십쁘트, 시쁘트**, 이동하다, 자리를 옮기다, 변화하다	동	**shift** [ʃift] 시쁘뜨
47	만	**만뜰리**, 매달의, 월 1회의 ; 월간 간행물	형	**monthly** [mʌ́nθli] 만뜰리
48	양	(재산 · 권리를) **양도하다**, 명의를 변경하다, 옮기다, 이동하다	동	**transfer** [trænsfə́ːr] 트랜스뻐-
49	병	**병법**, 전략, 작전, 책략, 용병학	명	**strategy** [strǽtədʒi] 스뜨래터지
50	이	**이너쁘**, 충분한, ~하기에 족한, ~할 만큼의	형	**enough** [inʌ́f] 이너쁘
51	율	**율동**, 리듬, 주기적 반복, 운율	명	**rhythm** [rið-əm] 리 듬
52	곡	**곡예**, 묘기, 곡예비행, 곡예운전 ; 재주 부리다	명	**stunt** [stʌnt] 스떤트
53	주	**주로**, 대개, 대체로, 대부분	부	**mainly** [méinli] 메인리
54	리	**리그렛**, (행위·실패 등에 대한) 유감, 후회, 애도 ; 후회하다	명	**regret** [rigrét] 리그렛

55	리	**이노베이션,** (기술)혁신, 일신, 쇄신	명	**innovation** [ìnouvéiʃən] 이노베이션
56	퇴	**퇴폐한,** 타락한, 부정한, 부도덕한 ; 타락시키다, 더럽히다	형	**corrupt** [kərʌ́pt] 크럽트
57	계	**계속하다,** 지속하다, 연속하다, 존속시키다, 연장하다	동	**continue** [kəntínjuː] 컨티뉴–
58	신	**신세러디,** 성실, 성의, 진실, 진심, 순수함	명	**sincerity** [sinsérəti] 신세러디
59	사	**사일런트,** 침묵하는, 무언의, 말없는, 무소식의	형	**silent** [sáilənt] 사일런트
60	임	**임브레이스,** 얼싸안다, 껴안다, 포옹하다, 맞이하다, 환영하다	동	**embrace** [imbréis] 임브레이스
61	당	**당대의,** 동시대의, 당시의, 동연대의, 현대의, 최신의	형	**contemporary** [kəntémpərèri] 컨템퍼레리
62	오	**오베이,** ~에 복종하다, ~에 따르다, 명령에 따르다	동	**obey** [oubéi] 오베이
63	죽	**죽,** 잇따라, 계속하여, 연속적으로,연이어	부	**successively** [səksésivli] 석세시블리
64	헌	**헌트,** 사냥하다, 추적하다, 쫓아내다, 찾다, 찾아 헤매다	동	**hunt** [hʌnt] 헌 트
65	잘	(~을) **잘하다,** 능숙하다, 정통하다		**be good at ~** 비 굿 앳

번호	첫말	뜻	품사	영단어
66	싸	싸이클, 순환, 한 바퀴, 주기, 순환기, 한 시대, 세월	명	cycle [sáikl] 사이클
67	운	운 좋게도, 다행히도, 다행스럽게도	부	fortunately [fɔ́ːrtʃ-ənitli] 뽀처니들리
68	다	다우니, 솜털의, 배내털의, 솜털 같은, 폭신폭신한	형	downy [dáuni] 다우니
69	곽	과격한 분노, 격노, 격분, 격정, 열광, 격심함, 맹렬함	명	fury [fjú-əri] 쀼 리
70	재	재검토, 재조사, 재음미, 재고, 비평, 논평	명	review [rivjúː] 리 뷰–
71	우	우든, 나무로 만든, 나무로 된, 생기 없는, 무표정한, 무뚝뚝한	형	wooden [wúdn] 우 든
72	조	조우크, 농담, 익살, 장난, 웃을 일 ; 농담을 하다, 희롱하다	명	joke [dʒouk] 조 욱
73	헌	헌법, 정체, 구성, 조성, 구조, 조직, 체질, 체격	명	constitution [kɑ̀nstətjúːʃən] 칸스떠튜–션
74	김	김빠진 강의, 맥 빠진 강의		a dull lecture 어 덜 렉쳐
75	시	시그너쳐, 서명, 서명하기, 징후, 조짐	명	signature [sígnətʃəːr] 시그너쳐
76	민	민, 미–인, 비열한, 초라한, 품위 없는, 뒤떨어지는	형	mean [miːn] 미– 인

77	나	나무라다, 꾸짖다, ~에게 잔소리하다, 호통치다	동	scold [skould] 스꼬울드
78	라	아사하다, 굶주리다, 굶어죽다, 배고프다	동	starve [stɑːrv] 스따–브
79	구	구분, 구획, 구역, 구간, 절단, 분할, 절개	명	section [sékʃ-ən] 섹 션
80	한	한낱, 단지 ; He is nothing but a boaster. 그는 한낱 허풍선이에 지나지 않는다.		nothing but 나띵 벗
81	이	이니셜, 처음의, 최초의, 시작의, 초기의 ; 머리글자	형	initial [iníʃəl] 이니셜
82	순	순, 수–운, 이윽고, 곧, 이내, 빨리, 급히, 쉽게	부	soon [suːn] 수–운
83	신	신뻘, 죄 있는, 죄 많은, 죄스러운, 죄 받을	형	sinful [sínfəl] 신 뻘
84	태	태클, 달려들다, 달라붙다, ~와 맞붙다, 붙잡다	동	tackle [tǽk-əl] 태 클
85	정	정크, 쓰레기, 잡동사니, 폐물, 고철	명	junk [dʒʌŋk] 정 크
86	태	태스크, 일, 임무, 작업, 사업, 과업, 노역	명	task [tæsk] 태스크
87	세	세인트, 성인, 성도, 덕이 높은 사람	명	saint [seint] 세인트

88	문	문화, 정신문명, 교양, 세련	명	culture [kʌ́ltʃər] 컬 처
89	단	단순한, 간단한, 간소한, 단일의	형	simple [símp-əl] 심 플
90	세	세컨드핸드, 간접적인, 전해들은, 얻어 들은, 중고품의, 고물의	형	secondhand [sékəndhǽnd] 세컨드핸드
91	사	사이언티삑, 과학적인, 과학의, 정확한, 엄정한, 숙련된	형	scientific [sàiəntífik] 사이언디삑
92	육	육, 육체, 살, 살집	명	flesh [fleʃ] 쁠레시
93	신	신이스터-, 시니스터-, 불길한, 재난의, 불행한, 인상이 나쁜	형	sinister [sínistəːr] 시니스터
94	과	과격한, 급진적인, 급진파의, 근본적인, 기본적인, 철저한	형	radical [rǽdik-əl] 래디클
95	생	생터빠이, 신성하게 하다, 숭배하다, 죄를 씻다	동	sanctify [sǽŋktəfài] 생터빠이
96	육	육성하다, 기르다, 양육하다, 가르치다		bring up 브링 업
97	신	신-어리, 시-너리, 무대장면, 배경, 풍경, 경치	명	scenery [síːnəri] 시-너리
98	몸	몸언트, 모먼트, 순간, 찰나, 단시간, 중요성	명	moment [móumənt] 모우먼트

번호		뜻	품사	단어
99	바	**바인드**, 묶다, 동이다, 포박하다, 얽매다, 한데 동여매다	동	**bind** [baind] 바인드
100	처	**처량한**, 외로운, 고독한, 쓸쓸한, 외톨이의	형	**lonely** [lóunli] 로운리
101	서	**서든리**, 갑자기, 불시에, 졸지에, 돌연,	부	**suddenly** [sʌ́dnli] 서든리
102	논	**논삑션**, (역사,전기, 탐험, 기록 등) 소설이 아닌 산문문학	명	**nonfiction** [nɔnfíkʃ-ən] 논삑션
103	개	**개량하다**, 개선하다, 향상시키다, 좋아지다	동	**improve** [imprúːv] 임프루–브
104	행	**행성**, 지구, 하늘에서 이동하는 천체	명	**planet** [plǽnət] 플래넛
105	주	**주–이시**, 유대인의, 유대인 같은	형	**Jewish** [dʒúːiʃ] 주–이시
106	치	**치명적인**, 생명에 관계되는, 운명의, 숙명적인	형	**fatal** [féitl] 뻬이들
107	마	**마–블러스**, 불가사의의, 이상한, 놀라운, 기적적인	형	**marvelous** [máːrv-ələs] 마–블러스
108	권	**권고**, 조언, 충언, 의논 ; 권하다, 조언하다, 충고하다	명	**counsel** [káunsəl] 카운슬
109	율	**율**, 비율, 시세, 등급, 종류 ; 평가하다, 어림잡다	명	**rate** [reit] 레 잇

110	역	**역량**, 능력, 재능, 자격, 수용량, 수용능력	명	**capacity** [kəpǽsəti] 커패서디
111	사	**사냥감**, 사냥해서 잡은 고기	명	**game** [geim] 게 임
112	는	**언스테디**, 불안정한, 건들거리는, 견고하지 않은	형	**unsteady** [ʌnstédi] 언스떼디
113	흐	**흐릿한**, 어두운, 어두컴컴한, 분명치 않은, 불명료한	형	**obscure** [əbskjúər] 업스뀨어
114	른	**언프리페어드**, 준비가 없는, 즉석의, 불의의, 예고 없이 발생하는	형	**unprepared** [ʌ̀npripέərd] 언프리페어드
115	다	**다운워드**, 내려가는, 내리받이의, 아래쪽으로의	형	**downward** [dáunwərd] 다운워드

8 한국을 빛낸 100인 4절

1	번	번들, 묶음, 묶은 것, 꾸러미, 무리 ; 다발 짓다, 꾸리다, 묶다	명	**bundle** [bʌ́ndl] 번 들
2	쩍	적정한, 적당한, 온당한, 공평한, 올바른, 정당한	형	**fair** [fɛər] 뻬 어
3	번	번치, 다발, 송이, 일단, 떼, 무리	명	**bunch** [bʌntʃ] 번 치
4	쩍	적, 원수, 적군, 적대자, 경쟁자, 대항자	명	**foe** [fou] 뽀 우
5	홍	홍수, 큰물, 범람, 쇄도, 다량 ; 범람시키다, 쇄도하다	명	**flood** [flʌd] 쁠러드
6	길	길, 작은 길, 보도, 행로, 방침, 방향, 경로	명	**path** [pæθ] 패 뜨
7	동	동네, 동네 사람들, 이웃, 근처, 인근, 지구, 지역, 근처의 사람들	명	**neighborhood** [néibərhùd] 네이버후드
8	의	의결하다, 결정하다, 결심하다, 분석하다, 풀다	동	**resolve** [rizάlv] 리잘브
9	적	적용, 응용, 신청, 지원, 지원서	명	**application** [æ̀plikéiʃən] 애플리케이션
10	임	임포-트, 수입하다, 가져오다, 내포하다 ; 수입, 수입품, 의미,	동	**import** [impɔ́:rt] 임포-트

No.		뜻	품사	단어
11	꺽	꺾다, 꺾어 젖히다, 접다, 접어 포개다, 구부리다	동	fold [fould] 뽀울드
12	정	정해진, 고정된, 일정(불변)한, 정착한, 정돈된	형	fixed [fikst] 삑스트
13	대	대량, 다량, 많음, 양, 분량, 부피, 용적, 책, 서적	명	volume [válju:m] 발류-움
14	쪽	족적, 발자국	명	footprint [fútprìnt] 뿟프린트
15	같	같게, 동일하게, 일치하여	부	identically [aidéntikəli] 아이덴티클리
16	은	언듀-울리, 과도하게, 지나치게, 심하게, 부당하게	부	unduly [ʌndjú:li] 언듀-울리
17	삼	삼키다, 들이켜다, 꿀꺽 삼키다, 억누르다	동	swallow [swálou] 스왈로우
18	학	학원, 학술원, 예술원, 협회, 학회	명	academy [əkǽdəmi] 어캐더미
19	사	사죄하다, 사과하다, 변명하다, 해명하다, 옹호하다	동	apologize [əpálədʒàiz] 어팔러자이즈
20	어	어시스트, 원조하다, 돕다, 거들다, 조력하다	동	assist [əsíst] 어시스트
21	사	사운드, 건전한, 정상적인, 확실한, 철저한, 충분한	형	sound [saund] 사운드

22	박	박, 바-악, 짖다, 짖는 듯한 소리를 내다, 고함치다	동	bark [bɑːrk] 바-크
23	문	문릿, 무-운릿, 달빛에 비친, 달빛어린	형	moonlit [múːnlìt] 무-운릿
24	수	수-퍼시-드, 바꾸다, 경질하다, 면직시키다, 폐지하다	동	supersede [sùːpəərsíːd] 수-퍼시-드
25	삼	(기억이) 삼삼한, 생생한, 선명한, 밝은, 강렬한, 생기에 찬, 왕성한	형	vivid [vívid] 비비드
26	년	연속, 연속물, 상속, 상속권, 계승권, 왕위 계승권, 상속자	명	succession [səkséʃən] 석세션
27	공	공간, 우주, 장소, 여지	명	space [speis] 스뻬이스
28	부	부-머랭, 부메랑, 자업자득이 되는 것, 굵어 부스럼 ; 되돌아오다	명	boomerang [búːməræ̀ŋ] 부-머랭
29	한	한정된, 유한의, 좁은, 얼마 안 되는	형	limited [límitid] 리미디드
30	석	석세스, 성공, 성취, 좋은 결과	명	success [səksés] 석세스
31	봉	봉급, 급료, 임금	명	salary [sǽləri] 샐러리
32	단	단 하나, 오직 하나, 유일한, 혼자의, 단독의, 독점적인	형	sole [soul] 소울

33	원	**원더러스**, 놀랄만한, 이상한, 불가사의한	형	**wondrous** [wʌ́ndrəs] 원드러스
34	풍	**풍조**, 추세, 방향, 경향, 동향, 유행의 양식	명	**trend** [trend] 트렌드
35	속	**속수무책의**, 스스로 어떻게 할 수 없는, 무력한, 난감한	형	**helpless** [hélplis] 헬플리스
36	도	**도머네이션**, 지배, 권세, 우월	명	**domination** [dɔ̀mənéiʃən] 도머네이션
37	방	**방어하다**, 막다, 지키다, 방위하다, 변호하다, 지지하다	동	**defend** [difénd] 디펜드
38	랑	**앙칼진**, 성난, 격노한, 화가 치민, 광포한, 무서운, 사납게 몰아치는	형	**furious** [fjú-əriəs] 퓨-리어스
39	시	**시-일**, 봉인, 날인 ; 날인하다, 봉인하다	명	**seal** [siːl] 시-일
40	인	**인디쁘런트**, 무관심한, 마음에 두지 않는, 냉담한, 중요치 않은	형	**indifferent** [indífərənt] 인디뻐런트
41	김	**김이 서린**, 안개가 낀, 안개가 자욱한, 흐린	형	**foggy** [fɔ́(ː)gi] 뽀 기
42	삿	**삿대**, 막대, 막대기, 장대, 기둥, 깃대 ; 극, 극지, 북극성	명	**pole** [poul] 포 울
43	갓	**갓 블레스 유**, 신의 가호가 있기를! 건강 조심해!		**God bless you!** 갓 블레스 유

44	지	지–아그러뻐, 지리학자	명	geographer [dʒiːágrəfər] 지–아그러뻐
45	도	도구, 공구, 연장, 수단, 방편	명	tool [tuːl] 투–울
46	김	김을 뿜다, 증기를 발산하다		give off steam 기브 오쁘 스띠–임
47	정	정복, 획득, 획득물, 전리품, 정복지	명	conquest [káŋkwest] 칸퀘스뜨
48	호	호우플리스, 희망 없는, 가망 없는, 절망적인, 어찌할 도리가 없는	형	hopeless [hóuplis] 호우플리스
49	영	영감, 영감에 의한 착상, 신통한 생각, 명안, 암시	명	inspiration [ìnspəréiʃən] 인스뻐레이션
50	조	조인트, 이음매, 접합부분 ; 공동의, 합동의, 공유의	명	joint [dʒɔint] 조인트
51	대	(적 · 위험 따위에) 대항하다, ~와 맞서다, ~에 직면하다	동	confront [kənfrʌ́nt] 컨쁘런트
52	왕	왕성한, 번영하는, 번창하고 있는, 성공한, 순조로운	형	prosperous [práspərəs] 프라스뻐러스
53	신	신, (종교상 · 도덕상의) 죄, 죄악, 과실, 잘못, 위반	명	sin [sin] 신
54	문	문드러지다, 썩다, 부패하다, 부식하다, 쇠퇴하다	동	decay [dikéi] 디케이

55	고	고우 인 뽀-, ~을 좋아하다 ; What sport do you go in for? 어떤 운동을 좋아하세요?		**go in for ~** 고우 인 뽀
56	정	정면, 앞, 앞면, 표면, 앞쪽 ; 정면의, 전면의, 맨 앞의	명	**front** [frʌnt] 쁘런트
57	조	조물주, 창조자, 창작가, 창설자, 고안자	명	**creator** [kri:éitər] 크리-에이러
58	규	규모, 장치, 눈금, 저울눈, 척도, 비율	명	**scale** [skeil] 스께일
59	장	장래의 전망, 가망, 예상, 기대	명	**prospect** [práspekt] 프라스뻭트
60	각	각도, 각, 귀퉁이, 모퉁이, 관점, 견지	명	**angle** [æŋgl] 앵글
61	목	목적, 의도, 의지, 결심, 취지, 의미	명	**purpose** [pə́:rpəs] 퍼-퍼스
62	민	민이스터, 미니서터, 성직자, 목사, 장관, 대신, 각료	명	**minister** [mínistər] 미니스더
63	심	심플, 단일의, 분해할 수 없는, 단순한, 간단한, 간소한	형	**simple** [símp-əl] 심플
64	서	서브스티튜-웃, 대용하다, 바꾸다, 대신하다, 대리하다	동	**substitute** [sʌ́bstitjù:t] 섭스띠튜-웃
65	정	정찰, 정찰병, 척후병, 정찰기 ; 정찰하다, 수색하다, 찾아다니다	명	**scout** [skaut] 스까웃

No.		뜻	품사	단어
66	약	약속, 계약, 기대, 희망 ; 약속하다, 약정하다, 유망하다	명	promise [prámis] 프라미스
67	용	용건, 일, 볼일, 관심, 직업, 사무, 실업	명	business [bíznis] 비즈니스
68	녹	녹터-늘, 낙터-늘, 밤의, 야간의, 야행성의	형	nocturnal [nɔktə́:rnl] 녹터-늘, 낙터-늘
69	두	두-얼, 둘의, 이중의, 이원적인	형	dual [djú:əl] 듀-얼
70	장	장벽, 장애물, 울타리, 방해, 방벽, 관문, 요새	명	barrier [bǽriər] 배리어
71	군	군중, 오합지졸, 대중, 민중	명	mob [mɑb] 맙
72	전	전-얼, 저-늘, 신문, 일간신문, 잡지, 정기간행물	명	journal [dʒə́:rnəl] 저-늘
73	봉	봉투, 싸개, 덮개, 가리개, 외피	명	envelope [énvəlòup] 엔벌로웁
74	준	준비, 예비, 예비조사, 예습	명	preparation [prèpəréiʃən] 프레퍼레이션
75	순	순어 오어 레이러, 머지않아, 조만간		sooner or later 수-너 오- 레이러
76	교	교수, 대학교수, 전문가	명	professor [prəfésər] 프러페서

번호		뜻	품사	단어
77	김	김매다, 잡초를 뽑다 ; 김, 잡초	동	weed [wi:d] 위-드
78	대	대립, 충돌, 불일치, 알력, 갈등, 마찰, 투쟁	명	conflict [kánflikt] 칸쁠릭트
79	건	건, 대포, 총, 소총, 엽총, 권총, 연발권총	명	gun [gʌn] 건
80	서	서브스땐셜, 실질적인, 실제상의, 내용이 풍부한	형	substantial [səbstǽnʃəl] 섭스땐셜
81	화	화나게 하다, 기분을 상하게 하다, 감정을 해치다, 불쾌하게 하다	동	offend [əfénd] 어뻰드
82	가	가능성, 실현성, 있을 수 있는 일	명	possibility [pàsəbíləti] 파서빌러디
83	무	무덤, 묘, 묘비 ; 파묻다, 매장하다	명	tomb [tu:m] 투-움
84	황	황무지의, 불모의, 메마른, 열매를 맺지 못하는, 효과 없는	형	barren [bǽrən] 배 른
85	진	진기한, 드문, 드물게 보는, 유례 없는, 희박한	형	rare [rɛə:r] 레 어-
86	이	이벤트, 사건, 대사건, 결과, 경과	명	event [ivént] 이벤트
87	못	못터베이트, 동기를 주다, 자극하다, 움직이다	동	motivate [móutəvèit] 모우터베잇

88	살	살리테리, 고독한, 외톨의, 외로운, 혼자의, 쓸쓸한, 적막한	형	solitary [sάlitèri] 살리테리
89	겠	겠 얼롱, 살아가다, 해 나가다, (일 따위를) 진행시키다		get along 게 더로-옹
90	다	다이 어브, ~로 죽다 (병 · 배고픔 · 늙음 따위의 원인으로)		die of ~ 다이 어브
91	홍	홍조, 얼굴 붉힘, 상기, 흥분 ; 얼굴이 붉어지다	명	flush [flʌʃ] 쁠러시
92	경	경사면, 비탈, 스키장	명	slope [sloup] 슬로웁
93	래	래그, 넝마, 걸레, 누더기 옷	명	rag [ræg] 래 그
94	삼	삼, 사-암, 찬송가, 성가	명	psalm [sɑːm] 사-암
95	일	일루-드, 교묘히 피하다, 회피하다, 면하다, 빠져 나오다	동	elude [ilúːd] 일루-드
96	천	천거하다, 추천하다, 권고하다, 충고하다	동	recommend [rèkəménd] 레커멘드
97	하	하-드, 굳은, 단단한, 견고한, 곤란한, 어려운	형	hard [hɑːrd] 하- 드
98	김	김이 자욱한, 안개가 짙은, 증기를 내는	형	steamy [stíːmi] 스띠-미

번호		뜻	품사	단어
99	옥	**옥션, 오-옥션,** 경매, 공매 ; 경매에 붙이다	명	**auction** [ɔ́:kʃən] 오-옥션
100	균	**균형,** 평균, 평형, 대조, 천칭, 저울	명	**balance** [bǽləns] 밸런스
101	안	**안다,** 꼭 껴안다, 축복하다, 품다, ~을 고집하다	동	**hug** [hʌg] 허 그
102	중	**중립의,** 국외의, 중립국의, 공평한, 중간의, 중용의	형	**neutral** [njú:trəl] 뉴-트럴
103	근	**근래의,** 중세 이후의, 현대의, 현대식의, 신식의	형	**modern** [mádə:rn] 마더-언, 모더-언
104	은	**언더그라운드,** 지하의, 지하에 있는, 지하에서의, 숨은, 비밀의	형	**underground** [ʌ́ndərgràund] 언더그라운드
105	애	**애크날러지,** 인정하다, 승인하다, 고백하다, 자인하다	동	**acknowledge** [æknálidʒ] 애끄날리지
106	국	**국제적인,** 국외의, 외래의, 외국의, 외부의, 밖의	형	**external** [ikstə́:rnəl] 익스떠-늘
107	이	**이디엇,** 천치, 바보, 백치	명	**idiot** [ídiət] 이디엇
108	완	**완더,** 헤매다, 돌아다니다, 어슬렁거리다, 방랑하다	동	**wander** [wándə:r] 완 더-
109	용	**용기,** 담력, 배짱, 대담성	명	**courage** [kə́:ridʒ] 커리지

110	은	**언카운터블**, 무수한, 셀 수 없는, 계산할 수 없는	형	**uncountable** [ʌnkáuntəbəl] 언카운터블
111	매	**매니지**, 다루다, 조종하다, 처리하다, 관리하다	동	**manage** [mǽnidʒ] 매니지
112	국	**국가**, 나라, 국토 ; 상태, 형편, 지위, 신분	명	**state** [steit] 스테잇
113	역	**역량**, 능력, 재능, 자격, 수용량, 수용능력	명	**capacity** [kəpǽsəti] 커패서디
114	사	**사냥감**, 사냥해서 잡은 고기	명	**game** [geim] 게 임
115	는	**언스테디**, 불안정한, 건들거리는, 견고하지 않은	형	**unsteady** [ʌnstédi] 언스떼디
116	흐	**흐릿한**, 어두운, 어두컴컴한, 분명치 않은, 불명료한	형	**obscure** [əbskjúər] 업시뀨어
117	른	**언프리페어드**, 준비가 없는, 즉석의, 불의의, 예고 없이 발생하는	형	**unprepared** [ʌ̀npripɛ́ərd] 언프리페어드
118	다	**다운워드**, 내려가는, 내리받이의, 아래쪽으로의	형	**downward** [dáunwərd] 다운워드

9 한국을 빛낸 100인 5절

1	별	**별도로**, 따로따로, 갈라서, 구분하여	부	**separately** [sépəritli] 세퍼리들리
2	헤	**헤이스트**, 급함, 급속, 신속, 성급, 서두름, 경솔	명	**haste** [heist] 헤이스트
3	는	**언타임리**, 때가 아닌, 철이아닌, 불시의, 시기상조의	형	**untimely** [ʌntáimli] 언타임리
4	밤	**밤배스딕**, 과대한, 과장된	형	**bombastic** [bambǽstik] 밤배스딕
5	윤	**윤택한**, 넉넉한, 유복한, 풍부한, 부유한	형	**wealthy** [wélθi] 웰 띠
6	동	**동양의**, 동양식의, 동방의, 동양 문명의	형	**oriental** [ɔ̀:riéntl] 오-리엔틀
7	주	**주리**, 배심, 심사원	명	**jury** [dʒúəri] 주 리
8	종	**종속관계의**, 예속적인, 의존하는, 의지하고 있는	형	**dependent** [dipéndənt] 디펜던트
9	두	**두 웰**, 잘하다, 성공하다,		**do well** 두- 웰
10	지	**지적인**, 지력의, 지능적인, 지능을 요하는, 총명한 ; 지식인	형	**intellectual** [ìntəléktʃuəl] 인털렉추얼

11	석	석, 빨다, 빨아들이다, 핥다, 빨아 먹다, 획득하다	동	suck [sʌk] 석
12	영	영리한, 똑똑한, 재기 넘치는, 유능한, 재주 있는, 잘하는	형	clever [klévər] 클레버
13	삼	삼세번, 삼회, 삼배로	부	thrice [θrais] 뜨라이스
14	십	십, 배, 함선, 돛배 ; 배로 보내다, 수송하다	명	ship [ʃip] 싶
15	삼	삼림, 숲, 산림, 임야	명	forest [fɔ́(:)rist] 뽀리스트
16	인	인클루-드, 포함하다, 포함시키다, 넣다, 셈에 넣다	동	include [inklúːd] 인클루-드
17	손	손목, 손목 관절, 손끝의 힘	명	wrist [rist] 리스트
18	병	병원균, 미생물, 세균, 병균, 싹틈, 조짐, 기원, 근원	명	germ [dʒəːrm] 저-엄
19	희	희-드, 히-드, 주의하다, 조심하다 ; 주의, 유의, 배려, 조심	동	heed [hiːd] 히-드
20	만	만스트러스, 괴물 같은, 기괴한, 거대한, 가공할, 소름끼치는	형	monstrous [mánstrəs] 만스뜨러스
21	세	세머나-, 세미나, 연구 집회	명	seminar [sémənàːr] 세머나-

22	만	만스터, 괴물, 요괴, 거대한 사람	명	monster [mánstər] 만스떠
23	세	세이쁘디, 안전, 무사, 무해, 안전장치, 안전판	명	safety [séifti] 세이쁘디
24	유	유-너버-스디, 대학교, 종합대학교	명	university [jùːnəvə́ːrsəti] 유-너버-스디
25	관	관대한, 아량 있는, 편견 없는, 풍부한, 후한	형	generous [dʒénərəs] 제느러스
26	순	순수한, 순전한, 단순한, 맑은, 깨끗한, 청순한, 순결한	형	pure [pjuər] 퓨 어
27	도	도네이션, 증여, 기증, 기부, 기증품, 기부금	명	donation [dounéiʃən] 도네이션
28	산	산문, 평범, 단조, 단조로운 이야기 ; 산문의, 평범한, 단조로운	명	prose [prouz] 프로우즈
29	안	안의, 내부의, 내면적인, 정신적인, 국내의, 내국의	형	internal [intə́ːrnl] 인터-늘
30	창	창조적인, 창조력이 있는, 독창적인, 건설적인	형	creative [kriːéitiv] 크리-에이디브
31	호	호울리, 신성한, 정결한, 신에게 바쳐진, 경건한, 성스러운	형	holy [hóuli] 호울리
32	어	어쇼-, 해변에, 해변으로, 물가에	부	ashore [əʃɔ́ːr] 어 쇼-

33	린	인센티브, 자극적인,동기유발적인, 고무적인, 장려하는	형	incentive [inséntiv] 인센티브
34	이	이너, 안의, 내부의, 속의, 중심적인	형	inner [ínər] 이 너
35	날	날것의, 생의, 설구워진, 설익은, 가공하지 않은, 미숙한	형	raw [rɔː] 로-
36	방	방면하다, 석방하다, 풀어놓다, 해방하다, 해제하다	동	release [rilíːs] 릴리-스
37	정	정밀한, 정확한, 엄밀한, 적확한, 딱 들어맞는	형	precise [prisáis] 프리사이스
38	환	환상, 공상, 기상(奇想), 변덕, 야릇함, 환상곡	명	fantasy [fǽntəsi, -zi] 빤터시
39	이	이머테이션, 모방, 흉내, 모조, 모조품, 가짜	명	imitation [ìmətéiʃən] 이머테이션
40	수	수-퍼삐셜, 표면(상)의, 외면의, 피상적인, 천박한	형	superficial [sùːpərfíʃəl] 수-퍼삐셜
41	일	일렉트리스디, 전기, 전기학, 전류	명	electricity [ilèktrísəti] 일렉트리스디
42	과	과시하다, 뽐내다, 뻐기다, 자랑해 보이다		show off 쇼우 오쁘
43	심	심플리서디, 단순, 단일, 간단, 평이, 간소, 순박함	명	simplicity [simplísəti] 심플리서디

44	순	순찰, 순시, 순회, 정찰, 순찰대, 정찰대, 순시인	명	patrol [pətróul] 퍼트로울
45	애	애드, 더하다, 가산하다, 증가하다, 추가하다, 합산하다	동	add [æd] 애 드
46	장	장군, 장성, 대장	명	general [dʒénərəl] 제느럴
47	군	군중, 붐빔, 북적임, 다수, 많음 ; 빽빽이 들어차다, 붐비다	명	crowd [kraud] 크라우드
48	의	의미하다, 뜻하다, 의도하다	동	mean [mi:n] 미–인
49	아	아–키텍, 건축가, 건축기사, 설계사, 건설자	명	architect [á:rkitèkt] 아–키텍트
50	들	들추어내다, 폭로하다, 까발리다, 노출시키다,	동	expose [ikspóuz] 익스뽀우즈
51	김	김, 증기, 수증기, 연무, 안개 ; 김을 내다 증기를 발생시키다	명	steam [sti:m] 스띠–임
52	두	두–디, 의무, 본분, 의리, 임무, 직무, 책무	명	duty [djú:ti] 듀– 디
53	한	한결같이, 변함없이, 일정불변하게, 항상, 반드시	부	invariably [invέəriəbli] 인베리어블리
54	날	(칼의) 날, 칼날, 칼, (풀의) 잎	명	blade [bleid] 블레이드

No.		뜻	품사	단어
55	자	**자스터빠이**, 옳다고 하다, 정당화하다	동	justify [dʒʌ́stəfài] 자스떠빠이
56	꾸	**꾸준한**, 불변의, 끊임없는, 안정된, 한결같은, 착실한, 확고한	형	steady [stédi] 스떼디
57	나	**나블, 노블**, 신기한, 새로운, 기발한, 이상한	형	novel [nάv-əl] 나 블
58	이	**이머-지**, (물속·어둠속 등에서) 나오다, 나타나다, 빠져나오다	동	emerge [imə́:rdʒ] 이머-지
59	상	**상당히**, 꽤, 비교적, 매우 ; 예쁜, 귀여운, 훌륭한, 멋진	부	pretty [príti] 프리디
60	황	**황홀**, 무아경, 희열, 미칠 듯한 기쁨, 환희의 절정	명	ecstasy [ékstəsi] 엑스떠시
61	소	**소-트**, 종류, 부류, 성질 ; 분류하다, 구분하다, 종류로 나누다	명	sort [sɔ:rt] 소- 트
62	그	**그리-쁘**, 슬픔, 비탄, 비통, 고통, 재난, 불행	명	grief [gri:f] 그리-쁘
63	림	**임멘스, 이멘스**, 막대한, 무한한, 헤아릴 수 없는, 거대한	형	immense [iméns] 이멘스
64	중	**중대한**, 결정적인, 위기의, 비평의, 비판적인, 평론의	형	critical [krítikəl] 크리디클
65	섭	**섭트랙**, 빼다, 감하다, 공제하다, 일부를 제외하다	동	subtract [səbtrǽkt] 섭트랙

66	역	역량, 능력, 재능, 자격, 수용량, 수용능력	명	capacity [kəpǽsəti] 커패서디
67	사	사냥감, 사냥해서 잡은 고기	명	game [geim] 게 임
68	는	언스테디, 불안정한, 건들거리는, 견고하지 않은	형	unsteady [ʌnstédi] 언스떼디
69	흐	흐릿한, 어두운, 어두컴컴한, 분명치 않은, 불명료한	형	obscure [əbskjúər] 업시큐어
70	른	언프리페어드, 준비가 없는, 즉석의, 불의의, 예고 없이 발생하는	형	unprepared [ʌ̀npripέərd] 언프리페어드
71	다	다운워드, 내려가는, 내리받이의, 아래쪽으로의	형	downward [dáunwərd] 다운워드

10 독도는 우리 땅 1절

1	울	**울적**, 우울, 침울, 슬픔, 침울한 분위기, 어둠, 암흑	명	**gloom** [glu:m] 글루-움
2	릉	**응축하다**, 응결하다, 압축하다, 요약하다, 농축하다	동	**condense** [kəndéns] 컨덴스
3	도	**도우즈**, 졸다, 꾸벅꾸벅 졸다, 겉잠 들다	동	**doze** [douz] 도우즈
4	동	**동굴**, 굴, (지하의) 술 곳간, 작은 까페 ; ~에 굴을 파다	명	**cave** [keiv] 케이브
5	남	**남기다**, 남기고 가다, 떠나다, 맡기다, 위탁하다	동	**leave** [li:v] 리-브
6	쪽	**쪽지**, 짧은 편지, 지폐, 각서	명	**note** [nout] 노우트
7	배	**배철러**, 미혼남자, 독신남자, 학사	명	**bachelor** [bǽtʃələr] 배철러
8	길	**길틀리스**, 죄 없는, 무죄의, 결백한 (innocent)	형	**guiltless** [gíltlis] 길틀리스
9	따	**따르다**, 지키다, 준수하다, 관찰하다, 관측하다	동	**observe** [əbzə́:rv] 업저-브
10	라	**라이블리**, 경쟁, 대항, 맞겨룸	명	**rivalry** [ráiv-əlri] 라이블리

11	이	이퀘이러, 적도, 주야 평분선	명	equator [ikwéitər] 이퀘이러
12	백	백워드, 뒤에, 후방에, 뒤를 향해, 거꾸로, 거슬러 올라가서	부	backward [bǽkwərd] 백워드
13	리	리-잎, 껑충 뛰다, 뛰다, 도약하다, 뛰어오르다, 뛰어넘다	동	leap [li:p] 리-잎
14	외	외더, 웨더, 일기, 기후, 기상, 날씨, 거친 날씨	명	weather [wéðə:r] 웨 더-
15	로	로튼, 라튼, 썩은, 부패한, 냄새 고약한, 더러운	형	rotten [rɔ́tn, rátn] 로튼, 라튼
16	운	운-드, 우-운드, 부상, 상처, (정신적) 고통 ; 상처를 입히다	명	wound [wu:nd] 우-운드
17	섬	섬머리, 요약, 개요, 대략 ; 요약한, 개략의, 간결한	명	summary [sʌ́məri] 섬머리
18	하	하소연하다, 불평하다, 한탄하다, 우는 소리하다	동	complain [kəmpléin] 컴플레인
19	나	나블티, 신기함, 진기함, 새로움,새로운 것, 색다른 것	명	novelty [náv-əlti] 나블디
20	새	새너테리, 위생의, 보건상의, 위생적인, 깨끗한	형	sanitary [sǽnətèri] 새너테리
21	들	들아웃, 드라웃, 가뭄, 한발, 부족, 결핍	명	drought [draut] 드라웃

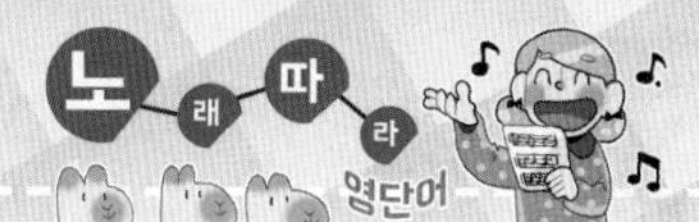

번호		뜻	품사	단어
22	의	의미, 뜻, 의의, 목적, 효력	명	meaning [mí:niŋ] 미– 닝
23	고	고민하다, 걱정하다,근심하다, 괴롭히다, 난처하게 하다	동	worry [wə́:ri, wʌ́ri] 워–리, 워리
24	향	향수, 향수병, 과거에의 동경, 회고의 정	명	nostalgia [nɑstǽldʒiə] 나스땔지어
25	그	그레이서뻘, 우미한, 우아한, 단아한, 품위 있는	형	graceful [gréisfəl] 그레이스뻘
26	누	누트리션, 영양, 영양공급, 자양물, 음식물	명	nutrition [nju:tríʃ-ən] 뉴–트리션
27	가	(실·끈 따위가) 가느다란, 가는, 고운, 미세한	형	fine [fain] 빠 인
28	아	아이덴디클, 아주 동일한, 같은, 일치하는, 일란성의	형	identical [aidéntikəl] 아이덴디클
29	무	무너뜨리다, 파괴하다, 부수다, 분쇄하다, 멸망시키다	동	destroy [distrɔ́i] 디스뜨로이
30	리	리게인, 되찾다, 회복하다	동	regain [rigéin] 리게인
31	자	자–, 항아리, 단지, 병, 충격, 격동, 쇼크	명	jar [dʒɑ:r] 자–
32	기	기쁘디드, 타고난, 천부의, 재능이 있는, 유능한	형	gifted [gíftid] 기쁘디드

33	네	네거티브, 부정의, 부인의, 거부의, 소극적인, 음성의	형	negative [négətiv] 네거디브
34	땅	땅을 파다, 파헤치다, 채굴하다, 밝혀내다, 찾아내다	동	dig [dig] 디그
35	이	이모우셔늘, 감정의, 정서의, 감정적인, 정서적인	형	emotional [imóuʃənəl] 이모우서늘
36	라	라잇, 옳은, 올바른, 정당한, 적절한	형	right [rait] 라 잇
37	고	고민, 고통, 아픔, 고뇌, 사투	명	agony [ǽgəni] 애거니
38	우	우드, 나무, 목재, 숲, 수풀	명	wood [wud] 우 드
39	겨	겨루다, 경쟁하다, 서로 맞서다, 필적하다	동	compete [kəmpí:t] 컴피-잇
40	도	도-스뗍, 현관의 계단	명	doorstep [dɔ́:rstèp] 도-스뗖
41	독	독점적인, 한정적인, 배타적인, 양립할 수 없는, 전면적인	형	exclusive [iksklú:siv] 익스클루-시브
42	도	도미년, 지배, 통치권력, 주권, 통제	명	dominion [dəmínjən] 더미년
43	는	언스떼이블, 불안정한, 흔들리는, 변하기 쉬운	형	unstable [ʌnstéibəl] 언스떼이블

44	우	우거진, 빽빽한, 짙은, 진한, 자욱한, 두꺼운, 굵은, 뚱뚱한	형	thick [θik] 띡
45	리	리-프, 수확하다, 거둬들이다, 베어들이다	동	reap [riːp] 리-잎
46	땅	땅, 지역, 영토, 영지, 세력권	명	territory [térətɔ̀ːri] 테러토-리

10 독도는 우리 땅 2절

1	경	경력, 이력, 생애, 직업, 출세, 성공, 진전	명	career [kəríər] 커리어
2	상	상호관계가 있는, 서로의, 공동의, 공통의	형	mutual [mjú:tʃuəl] 뮤-츄얼
3	북	북클릿, 소책자, 팸플릿	명	booklet [búklit] 북클릿
4	도	도우, 비록 ~이긴 하지만 ; 그러나, 그래도	접	though [ðou] 도 우
5	울	울리다, 진동하다, 흔들리다, 떨다	동	vibrate [váibreit] 바이브레잇
6	릉	응달, 그늘, 그늘진 곳 ; 그늘지게 하다	명	shade [ʃeid] 쉐이드
7	군	군림하다, 지배하다, 세력을 떨치다, 영향력을 행사하다	동	reign [rein] 레 인
8	남	남용하다, 오용하다, 악용하다, 학대하다, 혹사하다	동	abuse [əbjú:z] 어뷰-즈
9	면	면제하다, 면역성을 주다 ; 면제된, 면세의, 면역의	동	exempt [igzémpt] 이그젬트
10	도	도우즈 데이, 그 당시에는		those days 도우즈 데이즈

11	동	**동급생**, 동창생, 급우	명	classmate [klǽsmèit] 클래스메잇
12	일	**일련의**, 잇따른, 계속되는, 연속적인, 연이은	형	successive [səksésiv] 석세시브
13	번	**번-잉, 버-닝,** 불타는 (듯한), 열렬한, 뜨거운, 강렬한	형	burning [bə́ːrniŋ] 버- 닝
14	지	**지혜**, 현명함, 슬기로움, 분별, 학문, 지식	명	wisdom [wízdəm] 위즈덤
15	동	**동그란 모양의 것**, 구체, 구형, 천체, 지구의	명	sphere [sfiəːr] 스삐어-
16	경	**경영**, 관리, 지배, 취급, 지배력	명	management [mǽnidʒmənt] 매니지먼트
17	백	**백그라운드**, 배경, 무대의 배경, 경력, 경험, 전력	명	background [bǽkgràund] 백그라운드
18	삼	**삼가는**, 절제하는, 온건한, 온화한, 알맞은, 적당한, 웬만한	형	moderate [má-d-ərèit] 마더레잇
19	십	**십핑**, 해운업, 해상 운송업, 선적	명	shipping [ʃípiŋ] 시 핑
20	이	**이젝트**, 몰아내다, 쫓아내다, 물리치다, 배척하다, 추방하다	동	eject [idʒékt] 이젝트
21	북	**북스또-**, 서점, 책방	명	bookstore [búkstɔ̀ːr] 북스또-

22	위	위-브, 짜다, 뜨다, 엮다, (이야기 등을) 만들어 내다	동	weave [wiːv] 위-브
23	삼	삼가다, 그만두다, 참다, 억제하다	동	refrain [rifréin] 리쁘레인
24	십	십억, 무수 ; 십억의, 무수한	명	billion [bíljən] 빌 련
25	칠	칠리, 차가운, 으스스한, 냉담한	형	chilly [tʃíli] 칠 리
26	평	평이한, 보통의, 간단한, 알기 쉬운, 분명한, 솔직한	형	plain [plein] 플레인
27	균	균열되다, 금가다, 쪼개지다, 딱 소리를 내다	동	crack [kræk] 크 랙
28	기	기능, 구실, 작용, 효용, 직무, 임무, 역할	명	function [fʌ́ŋkʃən] 뻥 션
29	온	온 뿟, 걸어서, 도보로		on foot 온 뿟
30	십	십년, 10년간, 열 개 한 벌, 열 권	명	decade [dékeid] 데케이드
31	이	이뻭티브, 유효한, 효력이 있는, 효과적인, 인상적인, 실제의	형	effective [iféktiv] 이뻭티브
32	도	도우너, 기증자, 기부자, 제공자	명	donor [dóunər] 도우너

33	강	강요하다, 억지로 시키다,강제하다 ; 힘, 세력, 무력, 병력	동	force [fɔːrs] 뽀-스
34	수	수피리어, (보다) 위의, 보다 높은, 상급의, 우수한, 보다 나은	형	superior [supíəriər] 수피리어
35	량	양보, 타협, 화해 ; 양보하다, 타협하다, 화해하다	명	compromise [kάmprəmàiz] 캄프러마이즈
36	은	언디나이어블, 부인할 수 없는, 부정할 수 없는, 명백한	형	undeniable [ʌ̀ndináiəbəl] 언디나이어블
37	천	천상의, 하늘의, 천국과 같은, 신성한, 거룩한, 멋진	형	heavenly [hévənli] 헤번리
38	삼	삼투시키다, 적시다, 흠뻑 적시다, 배어들게 하다, 몰두시키다	동	saturate [sǽtʃərèit] 새처레잇
39	백	백티리어, 박테리아, 세균, 세균류	명	bacteria [bæktíəriə] 백티리어
40	독	독점적인, 한정적인, 배타적인, 양립할 수 없는, 전면적인	형	exclusive [iksklúːsiv] 익스클루-시브
41	도	도미년, 지배, 통치권력, 주권, 통제	명	dominion [dəmínjən] 더미년
42	는	언스떼이블, 불안정한, 흔들리는, 변하기 쉬운	형	unstable [ʌnstéibəl] 언스떼이블
43	우	우거진, 빽빽한, 짙은, 진한, 자욱한, 두꺼운, 굵은, 뚱뚱한	형	thick [θik] 띡

44	리	리–프, 수확하다, 거둬들이다, 베어들이다	동	reap [ri:p] 리–잎
45	땅	땅, 지역, 영토, 영지, 세력권	명	territory [térətɔ̀:ri] 테러토–리

10 독도는 우리 땅 3절

1	오	오운, 소유하다, 지배하다, 인정하다	동	own [oun] 오 운
2	징	징계하다, 벌하다, 처벌하다, 응징하다, 혼내주다	동	punish [pʌ́niʃ] 퍼니시
3	어	어센트, 동의하다, 찬성하다, 따르다, 인정하다	동	assent [əsént] 어센트
4	꼴	꼴, 모양, 형상, 외형, 모습, 생김새, 외양	명	shape [ʃeip] 세 잎
5	뚜	뚜루아웃, 뜨루아웃, ~을 통하여, ~동안 죽 ; 처음부터 끝까지,	전	throughout [θru:áut] 뜨루-아웃
6	기	기쁘트, 선물, 선사품, 재능, 적성 ; 주다, 증여하다	명	gift [gift] 기쁘트
7	대	대략, 대충, 개략적으로, 거칠게, 함부로	부	roughly [rʌ́fli] 라쁠리
8	구	구술하다, (말하며) 받아쓰게 하다, 명령하다, 지시하다	동	dictate [díkteit] 딕테잇
9	명	명령하다, ~에게 호령하다, 요구하다, 지휘하다, 지배하다	동	command [kəmǽnd] 커맨드
10	태	태블릿, 평판, 명판, 기념액자, 패	명	tablet [tǽblit] 태블릿

11	거	거-글, (물 따위가) 꼴딱꼴딱 [콸콸] 흐르다	동	gurgle [gə́:rgəl] 거-글
12	북	북, (이름 따위를) 기입하다, 기장하다, 예약하다	동	book [buk] 북
13	이	이그조-스트, 다 써버리다, 소모하다, 고갈시키다, 소모하다, 지치게 하다	동	exhaust [igzɔ́:st] 이그조–트트
14	연	연기하다, 미루다, 피하다		put off 푸 도쁘
15	어	어센트, 상승, 등반, 향상, 승진, 비탈, 오르막	명	ascent [əsént] 어센트
16	알	알아내다, 간파하다, 탐지하다, 발견하다	동	detect [ditékt] 디텍트
17	물	물어보다, 묻다, 문의하다, 조사하다	동	inquire [inkwáiər] 인콰이어
18	새	새들리, 슬픈 듯이, 애처롭게, 딱할 정도로, 비참하게	부	sadly [sǽdli] 새들리
19	알	알맞은, 적당한, 타당한, 지당한, 고유의, 독특한	형	proper [prápər] 프라퍼
20	해	해머, 망치 ; 망치로 치다, 탕탕 두들기다	명	hammer [hǽmər] 해 머
21	녀	여지, 공간, 장소, 기회, 여유	명	room [ru:m, rum] 루-움, 룸

22	대	**대립**, 대항, 반대, 반항, 방해, 적대, 마주 봄, 대치	명	**opposition** [àpəzíʃən] 아퍼지션
23	합	**합**, 뛰다, 한 발로 뛰다, 깡충 뛰다 ; 도약, 토끼뜀	동	**hop** [hap] 합
24	실	**실린더**, 원통, 원기둥, 기통	명	**cylinder** [sílindər] 실린더
25	십	**십중팔구**, 열에 아홉, 거의 대부분		**ten to nine** 텐 터 나인
26	칠	**칠**, 냉기, 차가움 ; 냉담한, 쌀쌀한 ; 식히다, 냉각하다	명	**chill** [tʃil] 칠
27	만	**만이터**, **마니터**, 모니터, 충고자, 권고자, 감독자	명	**monitor** [mánitər] 마니터
28	평	**평가하다**, 값을 치다, 소중히하다 ; 가치, 진가, 가격	동	**value** [vǽljuː] 밸 류–
29	방	**방법**, 방식, 조직적 방법	명	**method** [méθəd] 매떠드
30	미	**미러클**, 기적, 경이, 불가사의한 물건, 그리스도의 이적	명	**miracle** [mírəkəl] 미러클
31	터	**터–엄**, 기간, 임기, 학기, 말, 말투, 말씨, 조건	명	**term** [təːrm] 터– 엄
32	우	**우려하다**, 염려하다, 걱정하다, 관계하다, 관여하다	동	**concern** [kənsə́ːrn] 컨서–언

번호	첫말	뜻	품사	단어
33	물	**물러나다**, 철수하다, 철회하다, 취소하다, 움츠리다, 회수하다	동	withdraw [wiðdrɔ́:] 위더로-
34	하	**하숙**, 셋방 듦, 숙박, 투숙, 숙박소	명	lodging [lɑ́dʒiŋ] 라 징
35	나	(전쟁 따위가) **나다**, 일어나다, 발생하다, 발발하다		break out 브레이 카웃
36	분	**분명한**, 명확한, 뚜렷한, 명백한, 한정된, 일정한	형	definite [défənit] 데뻐닛
37	화	**화해시키다**, 일치시키다, 조화시키다, 조정하다	동	reconcile [rékənsàil] 레컨사일
38	구	**구슬픈**, 슬픔에 잠긴, 애처로운, 슬픔을 자아내는	형	mournful [mɔ́:rnfəl] 모-온뻘
39	독	**독점적인**, 한정적인, 배타적인, 양립할 수 없는, 전면적인	형	exclusive [iksklú:siv] 익스끌루-시브
40	독	**도미년**, 지배, 통치권력, 주권, 통제	명	dominion [dəmínjən] 더미년
41	는	**언스떼이블**, 불안정한, 흔들리는, 변하기 쉬운	형	unstable [ʌnstéibəl] 언스떼이블
42	우	**우거진**, 빽빽한, 짙은, 진한, 자욱한, 두꺼운, 굵은, 뚱뚱한	형	thick [θik] 띡
43	리	**리-프**, 수확하다, 거둬들이다, 베어들이다	동	reap [ri:p] 리-잎

44 땅 땅, 지역, 영토, 영지, 세력권

territory
[térətɔ̀:ri]
테러토-리

자동암기 평생기억 (Auto-Memorizing Never Forgotten)

Part Ⅱ

노래가사 첫말잇기로 자동암기

감사

순 서

13 어머님 은혜 1절

1	높	높은 목소리의, 고성의, 시끄러운, 큰 소리의	형	loud [laud] 라우드
2	고	고귀한, 귀중한, 귀한, 소중한, 값비싼 ; 귀중품	형	valuable [vǽljuːəbəl] 밸류-어블
3	높	높인, 높아진, 봉긋한, 도드라진, 부풀어 오른	형	raised [reizd] 레이즈드
4	은	언칸셔스, 무의식의, 부지중의, 깨닫지 못하는, 알아채지 못하는	형	unconscious [ʌnkánʃəs] 언칸셔스
5	하	하-브스트, 수확, 추수, 수확기, 수확물	명	harvest [háːrvist] 하-비스트
6	늘	(물의 양이) 늘다, 많아지다, 증대하다, 부풀다, 팽창하다	동	swell [swel] 스 웰
7	이	이펙트, 결과, 효과, 영향, 효력, 효능, 취지, 의미	명	effect [ifékt] 이펙트
8	라	라이즈 어-얼리, 일찍 일어나다		rise early 라이즈 어-얼리
9	말	말소하다, 말살하다, 삭제하다, 지우다, 없애다	동	erase [iréis / iréiz] 이레이스 / 이레이즈
10	들	들엔치, 드렌치, 흠뻑 젖게 하다, 적시다, 담그다	동	drench [drentʃ] 드렌치

11	하	하-니스, 이용하다 ; 장비, 장치, 마구, 갑옷	동	harness [há:rnis] 하-암니스
12	지	지역사회, (정치·문화역사를 함께하는) 사회, 공동사회, 공동체	명	community [kəmjú:nəti] 커뮤-너디
13	만	만어키, 마너키, 군주제, 군주정치, 군주국	명	monarchy [mánərki] 마너키
14	나	나돌다, (사상·소문 따위가) 떠돌다, 퍼지다, 뜨다, 표류하다	동	float [flout] 쁠로웃
15	는	언석세서뻘, 성공하지 못한, 잘되지 않은, 실패한	형	unsuccessful [ʌ̀nsəksésfəl] 언석세스뻘
16	나	나돌다, (사상·소문 따위가) 떠돌다, 퍼지다, 뜨다, 표류하다	동	float [flout] 쁠로웃
17	은	언석세서뻘, 성공하지 못한, 잘되지 않은, 실패한	형	unsuccessful [ʌ̀nsəksésfəl] 언석세스뻘
18	높	높이다, 향상시키다, 사회적 지위를 높이다, 올리다	동	lift [lift] 리쁘트
19	은	언컨디셔늘, 무조건의, 무제한의, 절대적인	형	unconditional [ʌ̀nkəndíʃənəl] 언컨디셔늘
20	게	게스워-억, 억측(어림짐작), 어림짐작으로 한 일	명	guesswork [gés-wə̀:rk] 게스워-억
21	또	또-트, 생각하기, 사색, 사고, 생각, 의견, 견해	명	thought [θɔ:t] 또-트

번호	글자	뜻	품사	단어
22	하	하-머니, 조화, 화합, 일치	명	harmony [há:rməni] 하-머니
23	나	(점점 더) 나빠지다, 악화되다		get worse 게 워-스
24	있	있스때블리쉬, 확립하다, 설치하다, 설립하다, 개설하다	동	establish [istǽbliʃ] 이스때블리시
25	지	(약속·의무 따위를) 지키다, 이행하다, 다하다, 완수하다, 완료하다	동	fulfill [fulfíl] 뿔 삘
26	낳	낳 앳 오올, 조금도 ~하지 않다		not at all 낫 앳 얼
27	으	어-즌트, 긴급한, 절박한, 매우 위급한, 재촉하는	형	urgent [ə́:rdʒənt] 어-즌트
28	시	시-퀀스, 연달아 일어남, 연속, 연쇄, 결과, 결론	명	sequence [sí:kwəns] 시-퀀스
29	고	고블린, 가블린, 악귀, 도깨비	명	goblin [gɔ́blin / gáblin] 고블린 / 가블린
30	기	기브 업, 단념하다, 포기하다, 버리다, 그만두다		give up 기브 업
31	르	어베일러블, 이용할 수 있는, 유효한, 쓸모 있는, 손에 넣을 수 있는	형	available [əvéiləbəl] 어베일러블
32	시	시리-인, 고요한, 잔잔한, 화창한, 맑게 갠, 침착한	형	serene [sirí:n] 시리-인

33	는	언세이쁘, 안전하지 않은, 불안한, 위험한, 믿을 수 없는	형	unsafe [ʌnséif] 언세이쁘
34	어	어센드, 올라가다, 기어오르다, 승진하다, 높아지다	동	ascend [əsénd] 어센드
35	머	머-더-, 살인, 모살, 살인사건 ; 살해하다, 학살하다	명	murder [mə́ːrdəːr] 머- 더-
36	님	임어튜어, 이머튜어, 미숙한, 미완성의, 생경한, 미성년의	형	immature [ìmətjúər] 이머튜어
37	은	언서-튼, 불명확한, 분명치 않은, 확인할 수 없는, 미정의	형	uncertain [ʌnsə́ːrtn] 언서-튼
38	혜	혜성, 살별	명	comet [kámit] 카 밋
39	푸	푸석푸석한, 딱딱하고 부서지기 쉬운, 빳빳한	형	crisp [krisp] 크리스ㅃ
40	른	언프레서덴티드, 선례가 없는, 전례가 없는, 새로운	형	unprecedented [ʌnprésədèntid] 언프레서덴티드
41	하	하-모니어스, 조화된, 균형 잡힌, 화목한, 사이좋은	형	harmonious [haːrmóuniəs] 하-모우니어스
42	늘	늘이다, 펼치다, 펴다, 전개하다, 퍼지다, 펼쳐지다	동	spread [spred] 스뻐레드
43	그	그레이스, 우아, 우미, 은총, 은혜, 세련, 장점	명	grace [greis] 그레이스

번호	첫말	뜻	품사	단어
44	보	보울트, 빗장, 나사못, 죔 못, 볼트	명	bolt [boult] 보울트
45	다	다르다, 틀리다, 의견이 다르다, 맞지 않다	동	differ [dífər] 디뻐
46	도	도박, 노름 ; 도박을 하다, 내기를 하다, 투기하다	명	gamble [gǽmbəl] 갬블
47	높	(지위·계급 등을) 높이다, 승진시키다, 진급시키다	동	promote [prəmóut] 프러모우트
48	은	언빌리버블, 믿을 수 없는, 거짓말 같은	형	unbelievable [ʌ̀nbilíːvəbəl] 언빌리버블
49	것	것터, 낙수홈통, (길가의) 하수도, 시궁, 수로, 도랑	명	gutter [gʌ́tər] 거 더
50	같	같은 방식으로, 똑같이, 마찬가지로, 또한	부	likewise [láikwàiz] 라익와이즈
51	애	애디큇, 어울리는, 적당한, 충분한, 적임의, 능력이 있는	형	adequate [ǽdikwit] 애디큇

14 어머님 은혜 2절

1	넓	넓은, 광대한, 광범위하게 걸친, 대강의, 대체로의	형	broad [brɔ:d] 브로-드
2	고	고무하다, 격려하다, 일어나게 하다, 고취하다	동	inspire [inspáiər] 인스빠이어
3	넓	넓히다, 확대하다, 확장하다, 펴다, 미치다, 넓어지다	동	extend [iksténd] 익스뗀드
4	은	언베러블, 참을 수 없는, 견딜 수 없는	형	unbearable [ʌnbέərəbəl] 언베러블
5	바	바우얼, 창자, 내장, 내부	명	bowel [báuəl] 바우을
6	다	다루다, 대우하다, 취급하다, 처리하다, 치료하다	동	treat [tri:t] 트리-잇
7	라	라이더, 타는 사람, 기수, 카우보이, 경마	명	rider [ráidə:r] 라이더
8	고	고마워하는, 감사하고 있는, 감사의, 사의를 표하는	형	thankful [θǽŋkfəl] 땡크뻘
9	말	말끔히 정돈하다, 손질하다, 정비하다, 바꾸다	동	trim [trim] 트 림
10	들	들압, 드랍, 방울, 물방울, 소량, 낙하 ; 떨어뜨리다	명	drop [drɑp] 드 랍

11	하	하-들리, 거의 ~아니다, 도저히 ~않다 ; I can hardly believe it. 거의 믿을 수가 없다.	부	hardly [há:rdli] 하-들리
12	지	지각(知覺)하다, 감지하다, ~을 눈치 채다, 인식하다	동	perceive [pərsí:v] 퍼시-브
13	만	만녀멘틀, 마녀멘틀, 기념비의, 기념 건조물의, 불멸의	형	monumental [mànjəméntl] 마녀멘틀
14	나	나돌다, (사상 · 소문 따위가) 퍼지다, 떠돌다, 뜨다, 표류하다	동	float [flout] 쁠로웃
15	는	언석세서뻘, 성공하지 못한, 잘되지 않은, 실패한	형	unsuccessful [ʌ̀nsəksésfəl] 언석세서뻘
16	나	나돌다, (사상 · 소문 따위가) 퍼지다, 떠돌다, 뜨다, 표류하다	동	float [flout] 쁠로웃
17	는	언석세서뻘, 성공하지 못한, 잘되지 않은, 실패한	형	unsuccessful [ʌ̀nsəksésfəl] 언석세스뻘
18	넓	넓은, 넓은 범위의, (지식 따위가) 광범위한, 풍부한	형	spacious [spéiʃəs] 스뻬이셔스
19	은	언어커스텀드, 익숙지 않은, 숙달되지 않은	형	unaccustomed [ʌ̀nəkʌ́stəmd] 언어카스떰드
20	게	게스, 추측하다, 추정하다, (어림)짐작으로 말하다	동	guess [ges] 게 스
21	또	또-트뻘, 생각이 깊은, 신중한, 인정 있는, 동정심 있는	형	thoughtful [θɔ́:tfəl] 또-드뻘

22	하	하-든, 굳히다, 딱딱하게 하다, 강하게 하다, 단련하다	동	harden [há:rdn] 하- 든
23	나	나타나다, 모습을 나타내다, 우연히 나타나다		turn up 터-언 업
24	있	있터-늘, 영구한, 영원한, 끝없는, 변함없는	형	eternal [itə́:rnəl] 이터-늘
25	지	지위, 신분, 직책, 직, 위치, 장소, 처지, 입장, 견해	명	position [pəzíʃən] 퍼지션
26	사	사이언티스트, 과학자, 과학연구자	명	scientist [sáiəntist] 사이언티스트
27	람	암컷의, 여성의, 여자의 ; 암컷, 여자, 여성	형	female [fí:meil] 삐-메일
28	되	되도록, 되는대로, 가능하면		if possible 이쁘 파서블
29	라	라이드, 타다, 타고가다, 승마하다, 말을 타다	동	ride [raid] 라이드
30	이	이커나믹클, 경제적인, 실속 있는, 절약하는, 검약한	형	economical [ì:kənámikəl] 이-커나미클
31	르	러버, 고무,고무제품, 고무지우개	명	rubber [rʌ́bə:r] 러 버-
32	시	시-즈, 붙잡다, 붙들다, 꽉 움켜쥐다, 파악하다, 이해하다	동	seize [si:z] 시-즈

번호	글자	뜻	품사	단어
33	는	언유-절리, 전에 없이, 평소와는 달리, 이상하게, 보통과는 달리	부	unusually [ʌnjúːʒuəli] 언유-주을리
34	어	어센드, 올라가다, 기어오르다, 승진하다, 높아지다	동	ascend [əsénd] 어센드
35	머	머-더-, 살인, 모살, 살인사건 ; 살해하다, 학살하다	명	murder [məːrdəːr] 머- 더
36	님	임머튜어, 이머튜어, 미성년의, 미숙한, 미완성의, 생경한	형	immature [ìmətʃúər] 이머츄어
37	은	언서-든, 불명확한, 분명치 않은, 확인할 수 없는, 미정의	형	uncertain [ʌnsəːrtn] 언서-든
38	혜	혜성, 살별	명	comet [kámit] 카 밋
39	푸	푸얼리, 가난하게, 빈약하게, 불충분하게, 서투르게	부	poorly [púərli] 푸얼리
40	른	언리-즈너블, 비합리적인, 이치에 맞지 않는, 터무니없는	형	unreasonable [ʌnríːzənəbəl] 언리-즈너블
41	바	바인, 덩굴, 덩굴풀, 포도나무	명	vine [vain] 바 인
42	다	다큐먼트, 문서, 서류, 기록, 증거자료, 기록 영화	명	document [dákjəmənt] 다켜먼트
43	그	그랜저, 웅대, 장엄, 장관, 위대, 숭고, 위엄, 위풍	명	grandeur [grǽndʒər] 그랜저

44	보	보케이셔늘, 직업의, 직업상의, 직업에 이바지하는	형	vocational [voukéiʃənəl] 보케이셔늘
45	다	다이버–스, 가지각색의, 다양한, 여러 가지의, 다른	형	diverse [daivə́:rs] 다이버–스
46	도	도입, 받아들임, 소개, 입문, 서문, 개론	명	introduction [ìntrədʌ́kʃən] 인트러덕션
47	넓	넓히다, 확장하다, 확대하다, 팽창시키다, 부풀게 하다	동	expand [ikspǽnd] 익스뺀드
48	은	언어테이너블, 도달하기 어려운, 얻기 어려운	형	unattainable [ʌ̀nətéinəbəl] 어너테인너블
49	것	것스터, 돌풍, 일진의 바람, 질풍, 격정, (감정의) 폭발	명	gust [gʌst] 거스트
50	같	같은 시간에, 동시에		at the same time 앳 더 세임 타임
51	애	애드히어, 부착하다, 고수하다, 집착하다, 지지하다	동	adhere [ædhíər] 애드히어

15 스승의 은혜

1	스	스깨어, 위협하다, 놀라게 하다, 겁나게 하다	동	scare [skɛəːr] 스께어–
2	승	승선[승차]하다, 배를 타다		go[get] on ~ 고우[겟] 온 ~
3	의	의도적인, 계획적인, 고의의, 일부러의	형	intentional [inténʃənəl] 인텐셔늘
4	은	언앨러시스, 어낼러시스, 분석, 분해, 해석	형	analysis [ənǽləsis] 어낼러시스
5	혜	혜택이 있는, 유익한, 수익의, 이익을 가져오는	형	beneficial [bènəfíʃəl] 베너삐셜
6	는	언쑤–터블, 부적당한, 적임이 아닌, 적합하지 않은, 어울리지 않는	형	unsuitable [ʌnsúːtəbəl] 언수–더블
7	하	하익, 하이킹하다, 도보 여행하다	동	hike [haik] 하익
8	늘	늘임, 연장, 신장, 확대, 확장, 넓힘, 증설	명	extension [iksténʃən] 익스뗀션
9	같	같잖은, 하찮은, 무의미한, 사소한, 무가치한, 천한	형	insignificant [ìnsignífikənt] 인시그니삐컨트
10	아	아이디–얼, 이상, 극치, 전형, 규범, 관념 ; 이상적인, 이상의	명	ideal [aidíːəl] 아이디–을

11	서	서쁠라이, 공급하다, 지급하다, 배급하다, 보충하다	동	supply [səplái] 서플라이
12	우	우-즈, 스며 나오다, 줄줄 흘러 나오다, 새다, 점점 없어지다	동	ooze [u:z] 우-즈
13	러	러브, 문지르다, 비비다, 마찰하다, 닦다, 문질러 지우다	동	rub [rʌb] 러브
14	러	러브, 문지르다, 비비다, 마찰하다, 닦다, 문질러 지우다	동	rub [rʌb] 러브
15	볼	볼-드, 보-올드, (머리가) 벗어진, 털이 없는, 대머리의	형	bald [bɔ:ld] 보-올드
16	수	수-퍼스티션, 미신, 미신적 습관	명	superstition [sù:pərstíʃən] 수-퍼스띠션
17	록	옥(獄), 교도소, 감옥, 구치소, 감금, 유폐 ; 감금하다, 투옥하다	명	prison [prízn] 프리즌
18	높	높은, 치솟은, 지위가 높은, 고위의, 고상한, 고결한	형	lofty [lɔ́:fti] 로-쁘디
19	아	아-크, (노아의) 방주, 피난처	명	ark [ɑ:rk] 아-크
20	만	만들다, 제조하다,제품화하다, 꾸며내다, 날조하다	동	manufacture [mæ̀njəfǽktʃə:r] 매녀빽처-
21	지	지-알러지스트, 지질학자	명	geologist [dʒì:ɑ́lədʒist] 지-알러지스트

22	네	네스트, 보금자리, 둥우리, 은신처, 안식처	명	nest [nest] 네스트
23	참	참-, 차-암, 매력, 아름다운 점, 미관 ; 매혹하다, 호리다	명	charm [tʃɑːrm] 차- 암
24	되	되다, ~으로 되다, ~에 어울리다, ~에 맞다	동	become [bikʌ́m] 비 컴
25	거	거닐다, 산책하다, 어슬렁어슬렁 걷다	동	stroll [stroul] 스뜨로울
26	라	라-질리, 크게, 충분히, 대부분, 주로, 대규모로	부	largely [láːrdʒli] 라-즐리
27	바	바우, 큰 가지	명	bough [bau] 바 우
28	르	어라운드, 주위에, 주변에, 사방에, 여기저기에	부	around [əráund] 어라운드
29	거	거닐다, 산책하다, 어슬렁어슬렁 걷다	동	stroll [stroul] 스뜨로울
30	라	라-질리, 크게, 충분히, 대부분, 주로, 대규모로	부	largely [láːrdʒli] 라-즐리
31	가	가이드북, 여행안내(서)	명	guidebook [gáid-buk] 가이드북
32	르	어트랙티브, 매력적인, 애교 있는, 사람의 마음을 끄는	형	attractive [ətrǽktiv] 어뜨랙티브

33	쳐	쳐다보다, 흘긋 보다, 언뜻 보다, 대강 훑어보다	동	glance [glæns, glɑːns] 글랜스, 글라–안스
34	주	주목할 만한, 현저한, 남다른, 훌륭한, 놀랄만한	형	remarkable [rimάːrkəb-əl] 리마–커블
35	신	신시어, 성실한, 진실한, 충심으로의, 거짓 없는	형	sincere [sinsíəːr] 신시어–
36	스	스깨러, 뿔뿔이 흩어버리다, 쫓아버리다, 흩뿌리다	동	scatter [skǽtəːr] 스깨러–
37	승	승객, 여객, 선객, 통행인	명	passenger [pǽsəndʒər] 패선저
38	은	언아너머스, 어나너머스, 익명의, 가명의, 성명 불명의, 작자 불명의	형	anonymous [ənάnəməs] 어나너머스
39	마	마일드, 온순한, 상냥한, 친절한, 관대한, 온화한, 따뜻한	형	mild [maild] 마일드
40	음	음성적인, 활동적이 아닌, 활기 없는, 수동적인, 수동의ㅍ	형	passive [pǽsiv] 패시브
41	의	의사, 내과의사, 치료자, 구제자	명	physician [fizíʃən] 삐지션
42	어	어서–트, 단언하다, 주장하다, 역설하다, 옹호하다	동	assert [əsə́ːrt] 어서–트
43	버	버–디클, 수직의, 연직의, 세로의, 곧추선, 꼭대기의	형	vertical [və́ːrtikəl] 버–디클

번호	첫말	뜻	품사	영단어
44	이	이레이즈, 지우다, 말소하다, 삭제하다, 없애다	동	erase [iréisz] 이레이즈
45	시	시-드, 씨, 씨앗, 종자, 열매	명	seed [siːd] 시-드
46	다	다이 쁘람, ~으로 죽다 (부상 · 사고 · 부주의 등으로)		die from ~ 다이 쁘람
47	아	아이러니, 풍자, 비꼬기, 빈정댐, 뜻밖의 결과	명	irony [áirəni] 아이러니
48	아	아이러니, 풍자, 비꼬기, 빈정댐, 뜻밖의 결과	명	irony [áirəni] 아이러니
49	고	고울든, 금빛의, 황금빛의, 귀중한, 절호의	형	golden [góuldən] 고울든
50	마	마아블, 놀라운 일, 경이, 이상함 ; 놀라다, 감탄하다	명	marvel [máːrv-əl] 마- 블
51	워	워-싑, 예배, 참배, 예배의식, 숭배, 존경, 존엄 ; 예배하다	명	worship [wəːrʃip] 워- 싑
52	라	라임, 운, 운율 ; 운을 달다	명	rhyme, rime [raim] 라임
53	스	스꼬울드, 꾸짖다, 잔소리하다, 호통을 치다	동	scold [skould] 스꼬울드
54	승	승진, 승격, 긴급, 장려, 증진, 조장, 진흥	명	promotion [prəmóuʃən] 프러모우션

55	의	의결, 결정, 해결, 결심, 결단, 결의	명	decision [disíʒən] 디시즌
56	사	사킷, (전구 따위를 끼우는) 꽂는 구멍, 소켓	명	socket [sάkit] 사킷
57	랑	앙금앙금 기다, 네발로 기다, 포복하다	동	crawl [krɔːl] 크로-올
58	아	아이덴터빠이, 확인하다, 신원을 밝히다, 감정하다, 동일시하다	동	identify [aidéntəfài] 아이덴터빠이
59	아	아이덴터빠이, 확인하다, 신원을 밝히다, 감정하다, 동일시하다	동	identify [aidéntəfài] 아이덴터빠이
60	보	보우, 활, 활의 사수	명	bow [bou] 보 우
61	답	답하다, 대답하다, 응답하다, 응수하다, 대꾸하다 ; 대답, 답, 보답	동	reply [riplái] 리플라이
62	하	하이어, 고용하다, 빌려오다, 세내다, 임대하다	동	hire [haiə*r*] 하이어
63	리	리셉션, 받아들임, 응접, 접대, 환영회, 반응	명	reception [risépʃ-ən] 리셉션
64	스	스께어, 위협하다, 놀라게 하다, 겁나게 하다	동	scare [skɛəː*r*] 스께어-
65	승	승선[승차]하다, 배를 타다		go[get] on ~ 고우[겟] 온

66	의	**의도적인**, 계획적인, 고의의, 일부러 하는	형	**intentional** [inténʃənəl] 인텐셔늘
67	은	**언앨러시스**, **어낼러시스**, 분석, 분해, 해석	명	**analysis** [ənǽləsis] 어낼러시스
68	혜	**혜택이 있는**, 유익한, 이익을 가져오는, 수익의	형	**beneficial** [bènəfíʃəl] 베너삐셜

16 당신은 사랑 받기 위해 태어난 사람

1	당	당분간, 얼마동안, 잠시 동안, 한동안		for a while 뽀 러 와일
2	신	신어지, 시너지, (효과·작용등의) 협력 작용, 상승작용	명	synergy [sínərdʒi] 시너지
3	은	언라익, 닮지 않은, 같지 않은, 다른 , ~을 닮지 않고	형	unlike [ʌnláik] 언라익
4	사	사이믈테이너슬리, 동시에, 일제히	부	simultaneously [sàim-əltéiniəsli] 사이믈테이니어슬리
5	랑	앙양하다, 향상시키다, 올리다, 들어 올리다, 소리 지르다	동	uplift [ʌplíft] 업리쁘트
6	받	받아쓰기, 구술, 명령, 지령, 지시	명	dictation [diktéiʃən] 딕테이션
7	기	기초적인, 기본적인, 근본의 ; 기본, 기초, 원리	형	basic [béisik] 베이식
8	위	위-리, 피로한, 치쳐 있는, 녹초가 된, 싫증나는, 따분한	형	weary [wí-əri] 위- 리
9	해	해부하다, 분석하다, 분해하다, 검토하다	동	analyze [ǽnəlàiz] 애널라이즈
10	태	태도, 마음가짐, 몸가짐, 거동	명	attitude [ǽtitjù:d] 애디듀-드

11	어	어소-올트, 강습, 습격, 맹렬한 비난, 공격, 폭행, 폭력	명	**assault** [əsɔ́:lt] 어소-올트
12	난	난프라삣, 비영리적인, 자본주의에 의하지 않는	형	**nonprofit** [nɑnprɑ́fit] 난프라삣
13	사	사리를 아는, 분별 있는, 양식을 갖춘, 현명한	형	**sensible** [sénsəbəl] 센서블
14	람	암-어, 아-머, 갑옷과 투구, 갑주, 방호복	명	**armor** [ɑ́:rmər] 아- 머
15	당	당직, 당번, 의무, 본분, 임무, 직무, 직책	명	**duty** [djú:ti] 듀- 디
16	신	신택스, 구문론, 구문, 통어론, 통사론	명	**syntax** [síntæks] 신택스
17	의	의심스러운, 미심쩍은, 수상쩍은, 의심이 많은	형	**suspicious** [səspíʃəs] 서스삐셔스
18	삶	삶의 질		**the equality of life** 더 이퀄러디 어브 라이쁘
19	속	속이다, 기만하다, 현혹시키다, 거짓말하다	동	**deceive** [disí:v] 디시-브
20	에	에슨스, 본질, 진수, 정수, 핵심, 요체, 실재, 실체	명	**essence** [ésəns] 에슨스
21	서	서쁘링, 괴로움, 고통, 고생, 피해, 재해, 수난, 손해	명	**suffering** [sʌ́fəriŋ] 서쁘링

22	그	**그래스쁘**, 붙잡다, 움켜쥐다, 끌어안다, 납득하다, 이해하다	동	grasp [græsp] 그래스쁘
23	사	**사우띠-스트**, 남동 ; 남동의, 남동에 있는	명	southeast [sàuθí:st] 사우띠-스트
24	랑	**앙심**, 원한, 심술, 악의 ; in spite of ~에도 불구하고, ~을 무릅쓰고	형	spite [spait] 스파잇
25	받	**받아들이다**, 수락하다, 맡다, 순응하다, 감수하다	동	accept [æksépt] 액셉트
26	고	**고상한**, 고귀한, 숭고한, 고결한, 훌륭한, 유명한	형	noble [nóub-əl] 노우블
27	있	**있슈-**, (명령 · 법률 등을) 발하다, 발포하다, 발행하다 ; 논쟁, 토론	동	issue [íʃu: / ísju:] 이슈-
28	지	**지속하다**, 존속하다, 계속하다, 오래가다, 견디다	동	last [læst, lɑ:st] 래스트, 라-스트
29	요	**요동치다**, 흔들다, 뒤흔들다, 흔들어 움직이다, 진동하다	동	shake [ʃeik] 쉐 익
30	당	**당분간**, 얼마동안, 잠시 동안, 한동안		for a while 뽀 러 와일
31	신	**신어지, 시너지**, (효과 · 작용 · 기능 등의) 협력 작용, 상승작용	명	synergy [sínərdʒi] 시너지
32	은	**언라익**, 닮지 않은, 같지 않은, 다른 ; ~을 닮지 않고	형	unlike [ʌnláik] 언라익

33	사	사이믈테이너슬리, 동시에, 일제히	부	simultaneously [sàim-əltéiniəsli] 사이믈테이너슬리
34	랑	앙양하다, 향상시키다, 올리다, 들어 올리다, 소리 지르다	동	uplift [ʌplíft] 업리쁘트
35	받	받아쓰기, 구술, 명령, 지령, 지시	명	dictation [diktéiʃən] 딕테이션
36	기	기초적인, 기본적인, 근본의 ; 기본, 기초, 원리	형	basic [béisik] 베이식
37	위	위-리, 피로한, 치쳐 있는, 녹초가 된, 싫증나는, 따분한	형	weary [wí-əri] 위- 리
38	해	해부하다, 분석하다, 분해하다, 검토하다	동	analyze [ǽnəlàiz] 애널라이즈
39	태	태도, 마음가짐, 몸가짐, 거동	명	attitude [ǽtitjù:d] 애디듀-드
40	어	어소-올트, 강습, 습격, 맹렬한 비난, 공격, 폭행, 폭력	명	assault [əsɔ́:lt] 어소-올트
41	난	난프라삣, 비영리적인, 자본주의에 의하지 않는	형	nonprofit [nɑnprɑ́fit] 난프라삣
42	사	사리를 아는, 분별 있는, 양식을 갖춘, 현명한	형	sensible [sénsəbəl] 센서블
43	람	암-어, 아-머, 갑옷과 투구, 갑주, 방호복	명	armor [ɑ́:rmər] 아- 머

No.		뜻	품사	영단어
44	당	당직, 당번, 의무, 본분, 임무, 직무, 직책	명	duty [djú:ti] 듀– 디
45	신	신택스, 구문론, 구문, 통어론, 통사론	명	syntax [síntæks] 신택스
46	의	의심스러운, 미심쩍은, 수상쩍은, 의심이 많은	형	suspicious [səspíʃəs] 서스삐셔스
47	삶	삶의 질		the equality of life 더 이콸러디 어브 라이쁘
48	속	속이다, 기만하다, 현혹시키다, 거짓말하다	동	deceive [disí:v] 디시–브
49	에	에슨스, 본질, 진수, 정수, 핵심, 요체, 실재, 실체	명	essence [ésəns] 에슨스
50	서	서쁘링, 괴로움, 고통, 고생, 피해, 재해, 수난, 손해	명	suffering [sʌ́fəriŋ] 서쁘링
51	그	그레이드, 등급, 계급, 정도, 학년; 등급을 매기다, 채점하다	명	grade [greid] 그레이드
52	사	사우띠–스트, 남동 ; 남동의, 남동에 있는	명	southeast [sàuθí:st] 사우띠–스트
53	랑	앙심, 원한, 심술, 악의	명	spite [spait] 스빠잇
54	받	받아들이다, 수락하다, 맡다, 순응하다, 감수하다	동	accept [æksépt] 액셉트

번호	첫말	뜻	품사	단어
55	고	**고상한**, 고귀한, 숭고한, 고결한, 훌륭한, 유명한	형	**noble** [nóub-əl] 노우블
56	있	**있슈–**, (명령·법률 등을) 발하다, 발포하다, 발행하다 ; 논쟁, 토론	동	**issue** [íʃuː / ísjuː] 이슈–
57	지	**지속하다**, 존속하다, 계속하다, 오래가다, 견디다	동	**last** [læst, lɑːst] 래스트, 라–스트
58	요	**요동치다**, 흔들다, 뒤흔들다, 흔들어 움직이다, 진동하다	동	**shake** [ʃeik] 쉐 익
59	태	**태초**, 처음, 시작, 최초, 발단, 기원, 초기	명	**beginning** [bigíniŋ] 비기닝
60	초	**초우즌**, 선발된, 정선된, 선택된	형	**chosen** [tʃóuzn] 초우즌
61	부	**부–웃**, 장화, 부츠, 목이 긴 구두	명	**boot** [buːt] 부–웃
62	터	**터리삑**, 빼어난, 대단한, 아주 좋은, 멋진, 무시무시한	형	**terrific** [tərífik] 터리삑
63	시	**시–녀**, 손위의, 연상의, 선배의, 선임의, 고참의	형	**senior** [síːnjər] 시– 녀
64	작	**작용**, 작동, 기능, 영향, 효과, 활동, 행동, 행위	명	**action** [ǽkʃən] 액 션
65	된	**덴스**, 밀집한, 조밀한, 밀도가 높은, 빽빽한, 농후한	형	**dense** [dens] 덴 스

번호	가사	뜻	품사	단어
66	하	**하스피들**, 병원, 자선시설	명	hospital [háspitl] 하스피들
67	나	**나쁘게 생각하다**, 안 좋게 생각하다		think ill of ~ 띵키-일 어브
68	님	**임모-를**, 죽지 않는, 불후의, 영원한, 신의	형	immortal [imɔ́ːrtl] 이모-를
69	의	**의도적으로**, 일부러, 고의로, 계획적으로		on purpose 안 퍼-퍼스
70	사	**사이트**, 위치, (사건 따위의) 장소, 용지, 집터, 부지, 유적	명	site [sait] 사 잇
71	랑	**앙칼스러운**, 몹시 사나운, 맹렬한, 지독한, 흉포한	형	fierce [fiərs] 삐어스
72	은	**언듀-**, 어울리지 않는, 지나친, 과도한	형	undue [ʌndjúː] 언 듀-
73	우	**우레**, 천둥, 벼락, 진동 ; 천둥치다, 큰 소리를 내다	명	thunder [θʌ́ndəːr] 떤 더-
74	리	**리-액트**, 반작용하다, 되튀다, 반대하다, 반항하다	동	react [riːǽkt] 리액트
75	의	**의학의**, 의술의, 의료의, 의약의	형	medical [médik-əl] 메디클
76	만	**만나다**, 우연히 만나다, 마주치다 ; 만남, 조우	동	encounter [enkáuntər] 엔카운터

Part II 가사

77	남	남, 모르는 사람, 낯선 사람, 생소한 사람	명	stranger [stréindʒəːr] 스뜨레인저–
78	을	얼룩, 점, 반점, 장소, 지점, 현장	명	spot [spɑt] 스 빳
79	통	통역하다, 해석하다, 설명하다, 이해하다	동	interpret [intə́ːrprit] 인터–프릿
80	해	해프닝, 사건, 사고	명	happening [hǽpəniŋ] 해프닝
81	열	(병으로 인한) 열, 발열, 열병, 열중, 열광, 흥분	명	fever [fíːvər] 삐– 버
82	매	매직션, 머지션 마법사, 마술사, 기술사, 요술쟁이	명	magician [mədʒíʃ-ən] 머지션
83	를	얼 앳 완스, 곧, 즉시, 갑자기, 모두 한꺼번에[		all at once 앳 얼 완스
84	맺	맺치, 매치, 대전 상대, 호적수, 시합 ; ~에 어울리다, 필적하다	명	match [mætʃ] 매 치
85	고	고무하다, 격려하다, 용기를 돋우다, 장려하다, 조장하다	동	encourage [enkə́ːridʒ] 엔커–리지
86	당	당돌한, 버릇없는, 무례한, 실례의, 교양이 없는, 야만의	형	rude [ruːd] 루–드
87	신	신스, 그 후, 그 이래, 그 후 내내, ~ 이래로, ~로부터	부	since [sins] 신 스

번호	머리글자	뜻	품사	단어
88	이	이그지스튼스, 존재, 실재, 현존, 생존, 생활	명	existence [igzístəns] 이그지스튼스
89	이	이-거니스, 열심, 열망 ; with eagerness 열심히	명	eagerness [íːgərnis] 이-거니스
90	세	세큰데리, 제 2위의, 2차의, 부차적인, 보조의, 중등교육의	형	secondary [sék-əndèri] 세큰데리
91	상	상당한, 꽤 많은, 적지 않은, 중요한, 유력한, 고려할만한	형	considerable [kənsídərəbəl] 컨시드러블
92	에	에더토-리얼, 사설, 논설 ; 편집의, 사설의, 논설의	명	editorial [èdətɔ́ːriəl] 에더토-리얼
93	존	존엄, 위엄, 존엄성, 품위, 기품, 위풍, 정중함	명	dignity [dígnəti] 디그너디
94	재	재래, 전통, 관습, 인습, 전설	명	tradition [trədíʃ-ən] 트러디션
95	함	함-리스, 하-암리스, 해가 없는, 무해한, 악의 없는, 순진한	형	harmless [háːrmlis] 하-암리스
96	으	어-번, 도시의, 도회지의, 도시풍의	형	urban [əːrbən] 어- 번
97	로	로맨틱, 공상 소설적인, 모험적인, 연애소설적인	형	romantic [roumǽntik] 로맨틱
98	인	인디케잇, 가리키다, 지적하다, 보이다, 표시하다, 암시하다	동	indicate [índikèit] 인디케잇

99	해	해명하다, 설명하다,분명하게 하다, 해석하다, 변명하다	동	explain [ikspléin] 익스플레인
100	우	우기는, 고집 센, 완고한, 완강한, 불굴의, 다루기 어려운	형	stubborn [stʌ́bəːrn] 스떠버–언
101	리	리커버, 되찾다, 찾아내다, 발견하다, 만회하다	동	recover [rikʌ́vəːr] 리커버–
102	에	에벌루–션, 전개, 발전, 진전, 진화, 진화론	명	evolution [èvəlúːʃən] 에벌루–션
103	게	게이즈, 응시, 주시, 눈여겨 봄 ; 지켜보다, 응시하다	명	gaze [geiz] 게이즈
104	얼	얼랏, 할당하다, 분배하다, 주다, 충당하다, 맞추다	동	allot [əlát] 얼 랏
105	마	마이디, 강력한, 위대한, 거대한, 대단한, 굉장한	형	mighty [máiti] 마이디
106	나	나운, 명사 ; 명사의 ; a noun clause 명사절	명	noun [naun] 나 운
107	큰	큰집, 대저택, 저택	명	mansion [mǽnʃ-ən] 맨 션
108	기	기념일, 기념제, 기일	명	anniversary [æ̀nəvə́ːrsəri] 애너버–슬리
109	뼘	뼘–, 뻐–엄, 굳은, 단단한, 튼튼한 ; 회사, 상사, 상회	형	firm [fəːrm] 뻐– 엄

110	이	이-거, 열망하는, 열심인 간절히 바라는	형	eager [íːgər] 이- 거
111	되	되돌아보다, 회고하다, 반성하다, 반사하다, 반영하다	동	reflect [riflékt] 리쁠렉
112	는	언랩, 포장을 풀다, 끄르다, 열다, 펴다, 명백히 하다	동	unwrap [ʌnrǽp] 언 랩
113	지	지도, 지휘, 지도력, 통솔(력)	명	leadership [líːdəːrʃip] 리-더-십
114	당	당분간, 얼마동안, 잠시 동안, 한동안		for a while 뽀 러 와일
115	신	신어지, 시너지, (효과·작용 등의) 협력 작용, 상승작용	명	synergy [sínərdʒi] 시너지
116	은	언라익, 닮지 않은, 같지 않은, 다른, ~을 닮지 않고	형	unlike [ʌnláik] 언라익
117	사	사이믈테이너슬리, 동시에, 일제히	부	simultaneously [sàim-əltéiniəsli] 사이믈테이니어슬리
118	랑	앙양하다, 향상시키다,올리다, 들어 올리다, 소리 지르다	동	uplift [ʌplíft] 업리쁘트
119	받	받아쓰기, 구술, 명령, 지령, 지시	명	dictation [diktéiʃən] 딕테이션
120	기	기초적인, 기본적인, 근본의 ; 기본, 기초, 원리	형	basic [béisik] 베이식

121	위	위리, 피로한, 치쳐 있는, 녹초가 된, 싫증나는, 따분한	형	weary [wí-əri] 위-리
122	해	해부하다, 분석하다, 분해하다, 검토하다	동	analyze [ǽnəlàiz] 애널라이즈
123	태	태도, 마음가짐, 몸가짐, 거동	명	attitude [ǽtitjù:d] 애디듀-드
124	어	어소-올트, 강습, 습격, 맹렬한 비난, 공격, 폭행, 폭력	명	assault [əsɔ́:lt] 어소-올트
125	난	난프라삣, 비영리적인, 자본주의에 의하지 않는	형	nonprofit [nɑnprɑ́fit] 난프라삣
126	사	사리를 아는, 분별 있는, 양식을 갖춘, 현명한	형	sensible [sénsəbəl] 센서블
127	람	암-어, 아-머, 갑옷과 투구, 갑주, 방호복	명	armor [ɑ́:rmər] 아 머
128	지	지키다, 보존하다, 유지하다, 보전하다, 보호하다	동	preserve [prizə́:rv] 프리저-브
129	금	금식하다, 단식하다, 절식하다	동	fast [fæst, fɑ:st] 빼스트, 빠-스트
130	도	도우네이러, 기부자, 기증자	명	donator [dóuneitər] 도우네이러
131	그	그레인, 낟알, 곡물, 곡류, 극히 조금, 미량	명	grain [grein] 그레인

132	사	**사운드**, 소리가 나다, 울리다, 퍼지다, ~하게 생각되다	동	**sound** [saund] 사운드
133	랑	**앙상한**, 헐벗은, 벌거벗은, 알몸의, 드러낸, 잎이 다 떨어진	형	**bare** [bɛər] 베 어
134	받	**받아들이다**, 채용하다,채택하다, 승인하다, 양자로 삼다	동	**adopt** [ədάpt] 어답트
135	고	**고우 뜨루우**, ~을 경험하다, 겪다, 이겨내다		**go through ~** 고우 뜨루-
136	있	**있스때블리쉬먼트**, 설립, 창립, 설치, 시설, 확립	명	**establishment** [istǽbliʃmənt] 이스때블리시먼트
137	지	**지껄이다**, 재잘재잘 지껄이다, 지저귀다, 졸졸 흐르다	동	**chatter** [tʃǽtər] 채 러
138	요	**요람**, 소아용 침대	명	**cradle** [kréidl] 크레이들

자동암기 평생기억 (Auto-Memorizing Never Forgotten)

Part Ⅲ

노래따라 첫말잇기로 자동암기

국민 애창동요 (1)

순 서

17 섬 집 아이

1	엄	엄에이즈, 어메이즈, 깜짝 놀라게 하다, 아연케 하다, 자지러지게 하다	동	**amaze** [əméiz] 어메이즈
2	마	마인드, 걱정하다, 신경 쓰다 ; 마음, 정신	동	**mind** [maind] 마인드
3	가	가스뻘, 복음, 예수 및 사도들의 가르침, 복음서	명	**gospel** [gáspəl] 가스뻘
4	섬	섬, 총계, 총액, 총수, 합계, 개요, 개략 ; 합계하다, 요약하다	명	**sum** [sʌm] 섬
5	그	그리-잇, ~에게 인사하다, 맞이하다, 환영하다	동	**greet** [gri:t] 그리-잇
6	늘	늘, 항상, 언제나		**all the time** 얼 더 타임
7	에	에비든트, 분명한, 명백한, 뚜렷한, 분명히 알 수 있는	형	**evident** [évidənt] 에비든트
8	굴	굴욕, 치욕, 불명예 ; ~에게 굴욕을 주다, ~의 이름을 더럽히다	명	**dishonor** [disánər] 디사너
9	따	따르는, 순종하는, 유순한, 고분고분한, 말 잘 듣는	형	**obedient** [oubí:diənt] 오우비-디언트
10	러	러그, (바닥의) 깔개, 융단, 양탄자, 까는 모피	명	**rug** [rʌg] 러 그

11	가	가이드포우스트, 이정표, 길잡이, 도로표지판	명	**guidepost** [gáid-poust] 가이드포우스트
12	면	면, 국면, 정세, 양상, 모습, 외관, 얼굴 생김새, 견지, 견해	명	**aspect** [æspekt] 애스뻭트
13	아	아-리클, 한 품목, 한 개, 기사, 조항, 조목	명	**article** [ɑ́:rtikl] 아-디클
14	기	기브 백, 돌려주다, 되돌리다, 되갚음 하다		**give back** 기브 백
15	가	가-알릭, 마늘, 파	명	**garlic** [gɑ́:rlik] 가-알릭
16	혼	혼나다, 깜짝 놀라다, 펄쩍 뛰다, 깜짝 놀라게 하다	동	**startle** [stɑ́:rtl] 스따-들
17	자	자갈 ; 자갈을 깔다, 자갈로 덮다, 곤란케 하다, 괴롭히다	명	**gravel** [grævəl] 그래블
18	남	남부러운, 질투심이 강한, 부러워하는, 샘이 많은	형	**envious** [énviəs] 엔비어스
19	아	아-암, 무장시키다, ~에게 무기를 주다, 방비하다	동	**arm** [ɑ:rm] 아-암
20	집	집행하다, 실행하다, 실시하다, 수행하다, 처형하다, 사형을 집행하다	동	**execute** [éksikjù:t] 엑시큐-웃
21	을	얼, 정신, 영, 마음, 영혼	명	**spirit** [spírit] 스삐릿

22	보	**보-온**, 타고난, 선천적인, 태생의	형	**born** [bɔːrn] 보- 온
23	다	**다이브**, 뛰어들다, 급히 잠수하다 (물속으로) 잠기다,	동	**dive** [daiv] 다이브
24	가	**가-비지**, 쓰레기, 음식찌꺼기, 잔반, 폐기물, 잡동사니	명	**garbage** [gάːrbidʒ] 가-비지
25	바	**바로우**, 빌리다, 차용하다, 돈을 꾸다, 모방하다	동	**borrow** [bάrou] 바로우
26	다	**다이어비-티스**, 당뇨병	명	**diabetes** [dàiəbíːtis] 다이어비-디스
27	가	가죽, 가죽제품, 가죽 끈	명	**leather** [léðəːr] 레 더-
28	불	**불공평**, 불의, 부정, 불법, 부정행위, 비행	명	**injustice** [indʒʌ́stis] 인저스띠스
29	러	**러멘트**, 슬퍼하다, 비탄하다, 애도하다, 애석해 하다 ; 비탄, 한탄	동	**lament** [ləmént] 러멘트
30	주	**주-**, 유대인	명	**Jew** [dʒuː] 주-
31	는	**언윌링**, 내키지 않는, 마지못해 하는, 본의가 아닌, 반항적인	형	**unwilling** [ʌnwíliŋ] 언윌링
32	자	**자각하고 있는**, 의식하고 있는, 인식하고 있는, 깨닫고 있는	형	**aware** [əwɛ́ər] 어웨어

No.		뜻	품사	단어
33	장	**장대한**, 장엄한, 장려한, 당당한, 굉장한, 엄청난	형	**magnificent** [mægnífəsənt] 매그니삐슨트
34	노	**노우터블,** 주목할 만한, 두드러진, 현저한, 저명한, 유명한	형	**notable** [nóutəbəl] 노우터블
35	래	**래시,** 분별없는, 경솔한, 성급한, 무모한	형	**rash** [ræʃ] 래 시
36	에	**에이즌트,** 대행자, 대리인, 취급인, 주선인, 판매원	명	**agent** [éidʒənt] 에이즌트
37	팔	**팔러티션,** 정치가, 정당 정치가, 정치꾼	명	**politician** [pὰlətíʃən] 팔러티션
38	베	**베그,** 빌다, 구하다, 청하다, 구걸하다, 간절히 바라다	동	**beg** [beg] 베 그
39	고	**고통,** 고민, 걱정, 걱정거리 ; 괴롭히다, 고민케 하다	명	**distress** [distrés] 디스뜨레스
40	스	**스깔라,** 학자, 학식이 있는 사람, 장학생, 특대생	명	**scholar** [skάləːr] 스깔러-
41	르	**어트랙션,** 매력, 유혹, 끌어당김, (사람을) 끄는 힘	명	**attraction** [ətrǽkʃən] 어뜨랙션
42	르	**어워-드,** 상, 수상, 상품 ; 수여하다, 주다, 지급하다	명	**award** [əwɔ́ːrd] 어워-드
43	르	**어보이드,** 피하다, 회피하다, 취소하다, 무효로 하다	동	**avoid** [əvɔ́id] 어보이드

44	잠	잠재적인, 가능한, 가능성이 있는; 잠재력, 가능성	형	potential [poutén∫əl] 포텐셜
45	이	이그노-, 무시하다, 묵살하다, 각하하다	동	ignore [ignɔ́:r] 이그노-
46	듬	듬성듬성한, 드문드문한, 성긴, 얇은, 두껍지 않은, 희박한, 엷은	형	thin [θin] 띤
47	니	니글렉트, 게을리 하다, 무시하다, 경시하다, 방치하다	동	neglect [niglékt] 니글렉트
48	다	다-알링, 가장 사랑하는 사람, 귀여운 사람, 소중한 것	명	darling [dɑ́:rliŋ] 다-알링

18 사과 같은 내 얼굴

1	사	사로우, 소로우, 슬픔, 비애, 비통, 비탄, 유감, 후회	명	**sorrow** [sárou, sɔ́:r-] 사로우, 소–로
2	과	과도한, 과대한, 과다한, 지나친, 심한, 엄청난	형	**excessive** [iksésiv] 익세시브
3	같	같은, 공통의, 공동의, 일반의, 보통의, 일반적인	형	**common** [kámən] 카 먼
4	은	언더고우, (영향 · 변화 따위를) 받다, 입다, 경험하다, 당하다, 견디다	동	**undergo** [ʌndərgóu] 더고우
5	내	내레이션, 서술, 이야기하기, 이야기, 화법	명	**narration** [næréiʃən] 내레이션
6	얼	얼– 나잇, 철야의, 밤새도록 하는	형	**all-night** [ɔ́:lnáit] 어–얼나잇
7	굴	굴욕, 치욕, 수치, 창피, 불명예, 부끄럼	명	**shame** [ʃeim] 쉐 임
8	예	예언하다, 예보하다, 예측하다, 미리 알리다	동	**predict** [pridíkt] 프리딕트
9	쁘	쁘랭크, 솔직한, 숨김없는, 명백한, 공공연한	형	**frank** [fræŋk] 쁘랭크
10	기	기간, 시대, 단계, 마침표, 종지부	명	**period** [píəriəd] 피리어드

11	도	도구, 기계, 기구, 악기, 수단, 방편	명	**instrument** [ínstrəmənt] 인스뜨러먼트
12	하	하다못해, 어떻든, 어쨌든, 하여간, 적어도, 최소한도		**at least** 앳 리–스트
13	지	지독한, 무시무시한, 두려운, 대단한, 공포를 느끼게 하는, 불유쾌한	형	**awful** [ɔ́:fəl] 오– 뻘
14	요	요란한, 떠들썩한, 시끄러운, 야한, 화려한	형	**noisy** [nɔ́izi] 노이지
15	눈	눈부신, 찬란하게 빛나는, 훌륭한, 화려한	형	**brilliant** [bríljənt] 브릴연트
16	도	도합, 합계, 전체, 총계, 총액 ; 전체의, 합계의, 총계의, 완전한	명	**total** [tóutl] 토우를
17	반	반–, 바–안, 헛간, 광 ; (곡물을) 곳간에 저장하다	명	**barn** [bɑ:rn] 바– 안
18	짝	짝, 상대, 배우자, 동료, 친구 ; 짝지어주다	명	**mate** [meit] 메 잇
19	코	코우아퍼레잇, 협력하다, 협동하다, 서로 돕다,	동	**cooperate** [kouápərèit] 코우아퍼레잇
20	도	도머넌트, 지배적인, 유력한, 우세한, 현저한, 주된	형	**dominant** [dɔ́mənənt] 도머넌트
21	반	반–, 바–안, 헛간, 광 ; (곡물을) 곳간에 저장하다	명	**barn** [bɑ:rn] 바– 안

번호	음절	뜻	품사	단어
22	짝	짝, 상대, 배우자, 동료, 친구 ; 짝지어주다	명	**mate** [meit] 메 잇
23	입	**입오욱, 이보욱,** (기억 · 감정을) 불러일으키다, 환기시키다, 자극하다	동	**evoke** [ivóuk] 이보욱
24	도	**도리어,** 오히려, 어느 쪽인가 하면, 그보다는	부	**rather** [rǽðəːr] 래 더–
25	반	**반–, 바–안,** 헛간, 광 ; (곡물을) 곳간에 저장하다	명	**barn** [bɑːrn] 바– 안
26	짝	짝, 상대, 배우자, 동료, 친구 ; 짝지어주다	명	**mate** [meit] 메 잇
27	반	**반–, 바–안,** 헛간, 광 ; (곡물을) 곳간에 저장하다	명	**barn** [bɑːrn] 바– 안
28	짝	짝, 상대, 배우자, 동료, 친구 ; 짝지어주다	명	**mate** [meit] 메 잇

19 고요한 밤 거룩한 밤

1	고	고생, 근심, 걱정, 고민, 수고, 노고, 어려움	명	**trouble** [trʌ́b-əl] 트러블
2	요	요란하게, 큰소리로, 떠들썩하게, 소리 높게, 눈에 띄게	부	**loudly** [láudli] 라우들리
3	한	한 개씩, 하나씩, 하나하나		**one by one** 원 바이 원
4	밤	밤, 폭탄, 수류탄 ; 폭격하다, 폭탄을 투하하다	명	**bomb** [bɑm / bɔm] 밤 / 봄
5	거	거대한, 막대한, 대단한, 상당히 큰	형	**huge** [hjuːʤ] 휴– 지
6	룩	룩 애쁘터, ~을 보살피다, 돌보다		**look after** 룩 애쁘더
7	한	한걸음씩, 단계적으로		**step by step** 스뗍 바이 스뗍
8	밤	밤, 폭탄, 수류탄 ; 폭격하다, 폭탄을 투하하다	명	**bomb** [bɑm / bɔm] 밤 / 봄
9	어	어뻬어, 일, 용건, 업무, 용무, 직무, 사무	명	**affair** [əfɛ́ər] 어뻬어
10	둠	둠–, 두–움, 운명, 숙명, 불운, 파멸, 죽음 ; ~의 운명을 정하다	명	**doom** [duːm] 두– 움

11	에	에니웨이, 어쨌든, 하여튼, 어떻게 해서든, 어차피	부	**anyway** [éniwèi] 에니웨이
12	묻	묻다, (흙 따위로) 덮다, 매장하다, 덮어 감추다	동	**bury** [béri] 베 리
13	힌	힌트, 암시, 넌지시 알림, 조언, 알아둘 일 ; 넌지시 말하다	명	**hint** [hint] 힌 트
14	밤	밤, 폭탄, 수류탄 ; 폭격하다, 폭탄을 투하하다	명	**bomb** [bɑm / bɔm] 밤 / 봄
15	주	주위환경, 주위, 주위의 상황 ; 주위의, 둘레의, 부근의	형	**surrounding** [səráundiŋ] 서라운딩
16	의	의견, 견해, 지론, 소신 ; in my opinion 내 생각으로는	명	**opinion** [əpínjən] 어피년
17	부	부-움, 벼락경기, 폭등 ; 울리다, 폭등하다, 활기를 띠다	명	**boom** [bu:m] 부- 움
18	모	모더빠이, 마더빠이, 수정하다, 변경하다, 조절하다, 완화하다	동	**modify** [mɔ́dəfài, mɑ́d-] 모더빠이, 마더빠이
19	앉	앉히다, 착석시키다 ; 자리, 좌석, 걸상	동	**seat** [si:t] 시-잇
20	아	아웃라인, 윤곽, 외형, 약도, 개요, 요강, 테두리	명	**outline** [áutlàin] 아웃라인
21	서	서브머리-인, 섭머리-인, 잠수함 ; 바다 속의, 해저의	명	**submarine** [sʌ́bmərì:n] 섭머리-인

22	감	**감내하다**, 인내하다, 견디다, 지탱하다, 지속하다	동	**endure** [endjúər] 엔듀어
23	사	**사이믈테이니어스**, 동시의, 동시에 일어나는, 동시에 존재하는	형	**simultaneous** [sàim-əltéiniəs] 사이믈테이니어스
24	기	(땅이) **기름진**, 비옥한, 다산의, 풍작을 가져오는, 풍작의, 풍부한	형	**fertile** [fə́:rtl / -tail] 뻐–들 / 뻐타일
25	도	**도머네이트**, 지배하다, 통치하다, 위압하다, 억제하다	동	**dominate** [dɔ́mənèit] 도머네잇
26	드	**드레드**, (대단히) 무서워하다, 두려워하다, 염려하다	동	**dread** [dred] 드레드
27	릴	**릴레이트**, 관계시키다, 관련시키다, 관련이 있다	동	**relate** [riléit] 릴에잇
28	때	**때때로**, 이따금		**once in a while** 완스 이 너 와일
29	아	**아–디스딕**, 예술의, 미술의, 미술가의, 예술적인, 멋이 있는	형	**artistic** [ɑ:rtístik] 아–디스딕
30	기	**기다**, 포복하다, 살금살금 걷다, 몰래 다가서다	동	**creep** [kri:p] 크리–잎
31	잘	**잘살다**, 유복하다		**be well off** 비 웰 오쁘
32	도	**도–먼트**, 잠자는, 동면의, 잠복의, 정지한, 휴지한	형	**dormant** [dɔ́:rmənt] 도–먼트

33	잔	**잔인한**, 사나운, 억지인, 모진, 짐승의, 짐승 같은	형	**brutal** [brúːtl] 브루-들
34	다	**다머네이트**, 지배하다, 통치하다, 위압하다, 억제하다	동	**dominate** [dάmənèit] 다머네잇
35	아	**아-디스딕**, 예술의, 미술의, 미술가의, 예술적인, 멋이 있는	형	**artistic** [ɑːrtístik] 아-디스딕
36	기	**기다**, 포복하다, 살금살금 걷다, 몰래 다가서다	동	**creep** [kriːp] 크리-잎
37	잘	**잘살다**, 유복하다		**be well off** 비 웰 오쁘
38	도	**도-먼트**, 잠자는, 동면의, 잠복의, 정지한, 휴지한	형	**dormant** [dɔ́ːrmənt] 도-먼트
39	잔	**잔인한**, 사나운, 억지인, 모진, 짐승의, 짐승 같은	형	**brutal** [brúːtl] 브루-들
40	다	**다머네이트**, 지배하다, 통치하다, 위압하다, 억제하다	동	**dominate** [dάmənèit] 다머네잇

20 과수원 길

1	동	동그란, 원형의, 둥근, 빙글빙글 도는, 순환성의, 순회하는	형	**circular** [sə́ːrkjələr] 서–컬러
2	구	구들리, 훌륭한, 고급의, 멋진, 미모의, 잘생긴, 꽤 많은, 상당한	형	**goodly** [gúdli] 구들리
3	박	박, 바–크, 나무껍질, 피부	명	**bark** [bɑːrk] 바– 악
4	과	과거의, 지나간, 이미 없어진, 임기가 끝난 ; ~의 범위를 넘어서	형	**past** [pæst] 패스트
5	수	수–퍼, 최고의, 극상의, 특대의, 표면의	형	**super** [súːpər] 수– 퍼
6	원	원스, 한 번, 일회, 한 차례 ; 이전에, 일찍이, 한 때	부	**once** [wʌns] 원 스
7	길	길티, 유죄의, 떳떳하지 못한, ~의 죄를 범한(criminal)	형	**guilty** [gílti] 길 디
8	아	아–크딕, 북극의, 북극 지방의, 극한의, 극한용의	형	**arctic** [ɑ́ːrktik] 아–크딕
9	카	카–브, 새기다, 파다, 조각하다, 새겨 넣다	동	**carve** [kɑːrv] 카– 브
10	시	시그늘, 신호, 암호, 전조, 징후, 조짐, 도화선	명	**signal** [sígn-əl] 시그늘

11	아	아-겨먼트, 논의, 논증, 논거	명	**argument** [á:rgjəmənt] 아-겨먼트
12	꽃	꽃이 만발하여, 한창인		**in full blossom** 인 뿔 블라섬
13	이	이어, 이삭, (옥수수의) 열매	명	**ear** [iər] 이어
14	활	활주, 미끄러지기, 활공 ; 미끄러지다, 활주하다, 미끄러지듯 나아가다	명	**glide** [glaid] 글라이드
15	짝	짝, 한 짝, 한 쌍, 한 벌 ; 짝짓다	명	**pair** [pεər] 페 어
16	피	피디, 불쌍히 여김, 동정, 애석한 일, 유감스러운 일	명	**pity** [píti] 피 디
17	었	었텐티브, 어텐티브, 주의 깊은, 세심한, 경청하는, 정중한	형	**attentive** [əténtiv] 어텐디브
18	네	네이티브, 출생의, 출생지의, 토박이의, 원주민의, 타고난	형	**native** [néitiv] 네이디브
19	하	하스삐탤러디, 환대, 후한 대접, 친절, 호의적인 수락	명	**hospitality** [hàspitǽləti] 하스삐탤러디
20	얀	얀-, 야-안, 실, 털실, 뜨개실, 꼰 실	명	**yarn** [ja:rn] 야- 안
21	꽃	꽃, 화초, 화훼, 관상식물	명	**flower** [fláuər] 쁠라우어

22	이	**이미-디들리,** 곧, 바로, 즉시	부	**immediately** [imí:diitli] 이미-디들리
23	파	**파-든,** 용서, 허용, 관대 ; 용서하다, 관대히 봐주다	명	**pardon** [pá:rdn] 파-든
24	리	**리-앨러디,** 진실, 진실성, 사실, 현실, 실재	명	**reality** [ri:ǽləti] 리-앨러디
25	눈	**눈에 띄지 않는,** 알아채지 못한, 주목되지 않는, 주의를 끌지 않는	형	**unnoticed** [ʌnnóutist] 언노우디스트
26	송	**송별회,** 작별, 고별, 고별사, 작별인사 ; 작별을 고하다	명	**farewell** [fὲərwél] 뻬어웰
27	이	**이레결러,** 불규칙한, 변칙의, 비정상적인, 고르지 않은	형	**irregular** [irégjələr] 이레결러
28	처	**처리,** 처리법, 취급, 대우, 치료, 치료법	명	**treatment** [trí:tmənt] 트리-잇먼트
29	럼	**엄엔드, 어멘드,** 개정하다, 수정하다, 정정하다, 고치다, 바로잡다	동	**amend** [əménd] 어멘드
30	날	**날리지,** 지식, 학식, 학문, 정통, 인식, 이해	명	**knowledge** [nálidʒ] 날리지
31	리	**리글,** 법률의, 법률에 관한, 법정의, 합법의	형	**legal** [líg-əl] 리 글
32	네	**네이버,** 이웃사람, 이웃집 사람, 동료, 동포 ; 이웃의, 근처의	명	**neighbor** [néibər] 네이버

33	향	**향상,** 진보, 발달, 전진, 진행 ; 향상되다, 발달하다, 진보하다	명	**progress** [prágrəs] 프라그러스
34	긋	(해 · 바람 · 비 따위를) **긋다,** 피하다, 숨다, 피난하다 ; 피난처, 은신처	동	**shelter** [ʃéltəːr] 쉘 터–
35	한	**한결,** 눈에 띄게, 현저하게, 놀랍게, 주목할 만하게, 매우, 대단히	부	**remarkably** [rimáːrkəb-əli] 리마–커블리
36	꽃	**꽃의,** 꽃 같은, 꽃무늬의, 식물의	형	**floral** [flɔ́ːrəl] 플로–럴
37	냄	**냄새,** 향기, 방향, 향료, 향수	명	**odor** [óudər] 오우더
38	새	**새타이어,** 풍자, 빈정거림, 신랄한 비꼼, 웃음거리	명	**satire** [sǽtaiəːr] 새타이어–
39	가	**가두다,** 감금하다, 제한하다	동	**confine** [kənfáin] 컨빠인
40	실	**실리,** 어리석은, 양식 없는, 분별없는, 바보 같은	형	**silly** [síli] 실리
41	바	**바우,** 절, 경례, 몸을 굽힘 ; 머리를 숙이다, 절하다	명	**bow** [bou] 바 우
42	람	**암시하다,** 비추다, 시사하다, 넌지시 말하다, 제안하다	동	**suggest** [səgdʒést] 서제스트
43	타	**타임리,** 적시의, 때에 알맞은, 때맞춘 ; 알맞게, 적당한 때에	형	**timely** [táimli] 타임리

No.		뜻	품사	단어
44	고	고웃, 염소	명	goat [gout] 고 웃
45	솔	솔루-션, 설루-션, 용해, 분해, 해결, 해답, 풀이	명	solution [səlúːʃ-ən] 설루-션
46	솔	솔러, 소울러, 태양의, 태양에 관한, 태양에서 나오는	형	solar [sóuləːr] 소울러-
47	둘	둘러보다, ~을 보고·조사하고 다니다, 여러모로 생각해보다		look around 루 커라운드
48	이	이그지빗, 전람하다, 전시하다, 출품하다, 나타내다, 드러내다	동	exhibit [igzíbit] 이그지빗
49	서	서포우즈, 가정하다, 상상하다, 추측하다, 헤아리다	동	suppose [səpóuz] 스포우즈
50	말	말단의, 종말의, 경계의, 종점의, 학기말의, 말기의 ; 끝, 말단, 종점	형	terminal [təːrmən-əl] 터-머늘
51	이	이커나믹스, 경제의, 재정상의, 경제학의, 경제적인	형	economic [ìːkənámik] 이커나믹
52	업	업피어, 어피어, 나타나다, 보이게 되다, 출현하다, 출연하다	동	appear [əpíər] 어피어
53	네	네이션, 국민, 국가, 민족, 종족	명	nation [néiʃən] 네이션
54	얼	얼라이언스, 동맹, 맹약, 동맹국, 제휴, 협력	명	alliance [əláiəns] 얼라이언스

번호	가사	뜻	품사	영단어
55	굴	굴복하다, 항복하다, 내어주다, 넘겨주다, 양도하다, 포기하다	동	surrender [səréndər] 서렌더
56	마	마-셜, 육군원수, 군 최고 사령관	명	marshal [má:rʃ-əl] 마- 셜
57	주	주-녀, 손아래의, 연소한 ; 손아래 사람, 연소자, 후배, 하급자	형	junior [dʒú:njər] 주- 녀
58	보	보울드, 대담한, 담력이 있는, 과감한, 용기 있는	형	bold [bould] 보울드
59	며	머-시, 자비, 연민, 인정, 고마운 일, 행운	명	mercy [mə́:rsi] 머- 시
60	생	생츄에리, 거룩한 장소, 성단, 신전, 지성소	명	sanctuary [sǽŋktʃuèri] 생츄에리
61	긋	긋고 마시다, 외상으로 마시다		drink on credit / trust 드링 콘 크레딧 / 트러스트
62	아	아이브리, 상아, (코끼리 따위의) 엄니	명	ivory [áivəri] 아이브리
63	카	카-너블, 카-니발, 행사, 축제, 법석떨기	명	carnival [ká:rnəvəl] 카-너블
64	시	시큐리디, 안전, 무사, 안심, 보안, 방위, 보호, 방어	명	security [sikjú-əriti] 시큐리디
65	아	아브직, 물건, 물체, 사물, 목적, 목표, 대상, 객체	명	object [ábdʒikt] 아브젝티브

66	꽃	꽃꽂이		flower arrangement 쁠라우어 어레인지먼트
67	하	**하이웨이,** 공도(公道), 간선도로, 큰길, 한길, 대도	명	highway [háiwèi] 하이웨이
68	얕	**얕보다,** 경시하다, 내려다보다, 깔보다		look down on ~ 룩 다운 온
69	게	**게인,** 얻다, 획득하다, 쟁취하다 ; 이익, 이득, 수익	동	gain [gein] 게 인
70	핀	**핀치,** 꼬집다, (두 손가락으로) 집다, (사이에) 끼다, 물다	동	pinch [pintʃ] 핀 치
71	먼	**먼아트너스, 머나트너스,** (목소리가) 단조로운, 한결같은, 변화 없는	형	monotonous [mənátənəs] 머나트너스
72	옛	**옛,** 아직 (~않다), 이미, 벌써, 이제, 아직껏, 그러나, 그럼에도	부	yet [jet] 옛
73	날	**날조하다,** 꾸며내다, 조작하다, 거짓말하다, 화장하다, 분장하다		make up 메이 컵
74	에	**에세이,** 수필, 시론, 평론	명	essay [ései] 에세이
75	과	과녁, 표적, 목표, 목적물, 목표액, 대상	명	target [tá:rgit] 타– 깃
76	수	**수–퍼–쁠루어스,** 남는, 여분의, 불필요한	형	superfluous [su:pə́:rfluəs] 수–퍼–쁠루어스

77 **원** 원더, 불가사의, 경이, 놀라움 ; 놀라다, 경탄하다 ⓜ **wonder** [wʌ́ndəːr] 원 더-

78 **길** 길한, 운이 좋은, 행운의, 복 받은, 상서로운 재수가 좋은 ⓗ **fortunate** [fɔ́ːrtʃ-ənit] 뽀-츠닛

21 어린이날 노래

1	날	날리지 인더스트리, 지식산업		knowledge industry 날리지 인더스뜨리
2	아	아너, 명예, 영예, 영광, 명성, 경의, 존경	명	honor [ánər] 아 너
3	라	아마, 형편에 따라서, 혹시, 어쩌면	부	perhaps [pərhǽps] 퍼햅스
4	새	새드니스, 슬픔, 비애	명	sadness [sǽdnis] 새드니스
5	들	들오-, 드로-, 제도사, 서랍, 장롱	명	drawer [drɔ́ːər] 드로-어
6	아	아비어스, 명백한, 명확한, 명료한, 알기 쉬운	형	obvious [ábviəs] 아비어스
7	푸	푸념, 불평, 우는 소리, 고충	명	complaint [kəmpléint] 컴플레인트
8	른	언리-얼, 실재하지 않는, 가공의, 비현실적인, 진실이 아닌	형	unreal [ʌnríːəl] 언리-을
9	하	하이든, 높게 하다, 높이다, 더하다, 강화시키다	동	heighten [háitn] 하이든
10	늘	늘리다, 크게 하다, 확대하다, 증대하다, 넓히다	동	enlarge [enláːrdʒ] 인라-지

11	을	얼루우드, 언급하다, 넌지시 비추다, 암시하다	동	allude [əlúːd] 얼루–드
12	달	달력, 캘린더, 표, 목록, 일정표	명	calendar [kǽləndər] 캘런더
13	력	여권, 패스포트, 허가증, (선박의) 항해권	명	passport [pǽspɔ̀ːrt] 패스뽀–트
14	라	라잎, 익은, 여문, 성숙한, 원숙한	형	ripe [raip] 라 잎
15	냇	냇처럴리스트, 박물학자, 자연주의자	명	naturalist [nǽtʃərəlist] 내처럴리스트
16	물	물질의, 물질적인, 물리적인, 육체의, 신체의	형	physical [fízikəl] 삐지클
17	아	아퍼짓, 마주 보고 있는, 맞은편의, 정반대의	형	opposite [ápəzit] 아퍼짓
18	푸	푸념, 불평, 우는 소리, 고충	명	complaint [kəmpléint] 컴플레인트
19	른	언리–얼, 실재하지 않는, 가공의, 비현실적인, 진실이 아닌	형	unreal [ʌnríːəl] 언리–을
20	벌	벌거, 저속한, 야비한, 속된, 비천한, 통속적인, 세속의	형	vulgar [vʌ́lgər] 벌 거
21	판	판명되다, 증명하다, 입증하다	동	prove [pruːv] 프루–브

22	을	얼라우언스, 수당, 급여, 용돈, 참작, 한도, 할인, 찬성, 관용	명	allowance [əláuəns] 얼라우언스
23	오	오-드네리, 보통의, 통상의, 정규의, 평범한, 일상의	형	ordinary [ɔ́:rdənèri] 오-드네리
24	월	월릿, 지갑, (가죽으로 만든) 작은 주머니	명	wallet [wɔ́lit, wɑ́l-] 월릿, 왈릿
25	은	언더테이킹, 사업, 기업, 인수, 보증	명	undertaking [ʌ̀ndərtéikiŋ] 언더테이킹
26	푸	푸짐한, 풍부한, 관대한, 아량 있는, 후한	형	generous [dʒénərəs] 제느러스
27	르	러스딕, 시골의, 시골풍의, 전원생활의, 단순한, 소박한	형	rustic [rʌ́stik] 러스딕
28	구	구뒬, 호의, 친절, 후의, 친선	명	goodwill [gúdwíl] 구 뒬
29	나	나-카딕, 마취성의, 최면성의, 마약의,	형	narcotic [nɑ:rkɑ́tik] 나-카딕
30	우	우두커니, 멍하니, 방심 상태로, 생각 없이	부	absent-mindedly [æbsəntmáindidli] 앱슨트마인디들리
31	리	리-얼리스딕, 현실주의의, 사실주의의, 사실파의	형	realistic [rì:əlístik] 리얼리스딕
32	들	들어그, 드러그, 약, 약품, 약제, 마취약, 마 약	명	drug [drʌg] 드러그

33	은	언디스떠-브드, 방해받지 않은, 흔들리지 않은, 마음이 편안한	형	**undisturbed** [ʌndistə́:rbd] 언디스떠-브드
34	자	자취, 흔적, 발자국 ; 자국을 밟다, 긋다	명	**trace** [treis] 트레이스
35	란	안색, 얼굴의 윤기, 얼굴 빛, 피부색	명	**complexion** [kəmplékʃən] 컴플렉션
36	다	다소, 얼마간, 대체로, 대략		**more or less** 모- 오- 레스
37	오	오-리언트, 동양, 동방, 동쪽하늘 ; (어느 방향으로) 향하다	명	**orient** [ɔ́:riənt] 오-리언트
38	늘	늘이다, 연장하다, 오래 끌다, 연기하다	동	**prolong** [proulɔ́:ŋ] 프롤로-옹
39	은	언덜라인, ~의 밑에 선을 긋다, 강조하다, 뒷받침하다	동	**underline** [ʌndərláin] 언더라인
40	어	어셈블, 모으다, 집합시키다, 소집하다, 조립하다	동	**assemble** [əsémbəl] 어셈블
41	린	인보-온, 타고난, 천부의, 선천성의	형	**inborn** [ínbɔ́:rn] 인보-온
42	이	이그재민, 시험하다, 검사하다, 조사하다, 심사하다, 검토하다	동	**examine** [igzǽmin] 이그재민
43	날	날조하다, 위조하다, 꾸며내다, 조작하다, 속이다	동	**fake** [feik] 뻬 익

44	우	**우선의**, 앞서의, 전의, 사전의, ~보다 먼저	형	**prior** [práiər] 프라이어
45	리	**리플레이스**, 제자리에 놓다, 되돌리다, ~에 대신하다	동	**replace** [ripléis] 리플레이스
46	들	**들아운, 드라운**, 물에 빠뜨리다, 익사시키다	동	**drown** [draun] 드라운
47	세	**세틀**, 놓다, 두다, 설치하다, 안치하다, 자리 잡게 하다	동	**settle** [sétl] 세 틀
48	상	**상대적인**, 비교상의, 상호의, 상관적인, 관계있는, 관련 있는	형	**relative** [rélətiv] 렐러디브

22 솜사탕

1	나	나침반, 한계, 범위, 둘레, 주위	명	compass [kʌ́mpəs] 컴퍼스
2	뭇	뭇매질하다, 마구 때리다, 괴롭히다, 꾸짖다		beat up 비–잇 업
3	가	가–글, 양치질 ; 양치질하다	명	gargle [gάːrgəl] 가– 글
4	지	지급하다, 공급하다, (필요품을) 주다, 준비하다	동	provide [prəváid] 프러바이드
5	에	에스떼딕, 미(美)의, 미술의, 미학의, 심미적인, 심미안이 있는	형	aesthetic [esθétik] 에스떼딕
6	실	실렉트, 선택하다, 고르다, 선발하다, 발췌하다, 뽑다	동	select [silékt] 실렉트
7	처	처분, 처리, (재산 따위의) 양도, 매각, 배치	명	disposal [dispóuzəl] 디스포우즐
8	럼	엄옹, 어몽, ~사이에(서), ~ 가운데에(서)	전	among [əmʌ́ŋ] 어 멍
9	커	커스텀, 관습, 풍습, 관행, 애호, 관세, 세관	명	custom [kʌ́stəm] 커스떰
10	다	다머네이션, 지배, 권세, 우월	명	domination [dὰmənéiʃən] 다머네이션

11	란	**안심시키다,** (긴장을) 풀게 하다, (걱정을) 덜다, 경감하다	동	**relieve** [rilíːv] 릴리–브
12	솜	**솜씨,** 숙련, 노련, 교묘함, 능숙함, 기능, 기술	명	**skill** [skil] 스 낄
13	사	**사회,** 사회집단, 세상, 사교, 교제, 회, 협회, 단체	명	**society** [səsáiəti] 서사이어디
14	탕	**탕진하다,** 다 써버리다, 소진하다		**run out of ~** 런 아우 더브
15	하	**하–버,** 항구, 배가 닿는 곳, 피난처, 잠복처, 은신처	명	**harbor** [háːrbər] 하– 버
16	얀	**얀–, 야–안,** 하품하다 ; 하품, 입을 크게 벌림	동	**yawn** [jɔːn] 야– 안
17	눈	**눈물,** 비애, 비탄 ; 눈물을 흘리다	명	**tear** [tiəːr] 티 어–
18	처	**처방하다,** 처방을 내리다, 규정하다, 지시하다, 명하다	동	**prescribe** [priskráib] 프리스끄라이브
19	럼	**엄엔드먼트, 어멘드먼트,** 변경, 개선, 교정, 개정, 법안 등의 수정	명	**amendment** [əméndmənt] 어멘드먼트
20	희	**희–일, 히–일,** 뒤꿈치, (동물의) 발, 뒷발, (신발 · 양말의) 뒤축	명	**heel** [hiːl] 히–일
21	고	**고맙게 여기다,** 절실히 느끼다, 감사하다, 평가하다	동	**appreciate** [əpríːʃièit] 어프리–시에잇

No.		뜻	품사	단어
22	도	도메인, 영토, 영역, 세력범위, 판도, 소유지	명	domain [doumein] 도메인
23	깨	깨물다, 물다, 물어뜯다, 물어 끊다	동	bite [bait] 바 잇
24	끗	끝내다, 완성하다, 완결하다, 달성하다	동	complete [kəmplí:t] 컴플리-잇
25	한	한가운데, 중앙에		in the middle of 인 더 미들 어브
26	솜	솜씨, 숙련, 노련, 교묘함, 능숙함, 기능, 기술	명	skill [skil] 스낄
27	사	사회, 사회집단, 세상, 사교, 교제, 회, 협회, 단체	명	society [səsáiəti] 서사이어디
28	탕	탕진하다, 다 써버리다, 소진하다		run out of ~ 런 아우 더브
29	엄	엄에이즈먼트, 어메이즈먼트, 깜짝 놀람, 경악, 혼란, 망연자실	명	amazement [əméizmənt] 어메이즈먼트
30	마	마이뉴-트, 사소한, 하찮은, 상세한, 정밀한, 엄밀한	형	minute [mainjú:t] 마이뉴-웃
31	손	손상, 손해, 상해, 상처, 위해	명	injury [índʒəri] 인즈리
32	잡	잡아채다, 강탈하다, 와락 붙잡다, 앗아가다	동	snatch [snætʃ] 스내치

33	고	고도, 높이, 해발, 표고, 높은 곳	명	**altitude** [ǽltətjùːd] 앨터듀-드
34	나	**나블리스트**, 소설가, 작가	명	**novelist** [nάvəlist] 나벌리스트
35	들	들이쁘트, 드리쁘트, **표류하다**, 떠돌다, 헤매다 ; 표류, 동향, 경향	동	**drift** [drift] 드리쁘트
36	이	**이그느런트**, 무지한, 무학의, 무식한, 모르는	형	**ignorant** [ígnərənt] 이그느런트
37	갈	**갈러, 게일러, 갤러**, 축제, 제례, 축하 ; 축제의, 축제 기분의	명	**gala** [gάːlə, géilə, gǽlə] 가-알러, 게일러, 갤러
38	때	**때때로**, 때로는, 또 어떤 때에는		**now and then** 나우 앤 덴
39	먹	먹성, 식욕, 욕구, 욕망, 기호, 좋아함	명	**appetite** [ǽpitàit] 애피타잇
40	어	**어라이블**, 도착, 도달, 출현, 등장	명	**arrival** [əráivəl] 어라이블
41	본	**본빠이어**, 모닥불, 큰 화톳불	명	**bonfire** [bɔ́nfàiəːr] 본빠이어
42	솜	**솜씨**, 숙련, 노련, 교묘함, 능숙함, 기능, 기술	명	**skill** [skil] 스낄
43	사	**사회**, 사회집단, 세상, 사교, 교제, 회, 협회, 단체	명	**society** [səsáiəti] 서사이어디

No.		뜻	품사	단어
44	탕	탕진하다, 다 써버리다, 소진하다		run out of ~ 런 아우 더브
45	호	호-러잔틀, 수평의, 평평한, 가로의, 수평선의, 지평선의	형	horizontal [hɔ̀:rəzántl] 호-러잔틀
46	호	호-러잔틀, 수평의, 평평한, 가로의, 수평선의, 지평선의	형	horizontal [hɔ̀:rəzántl] 호러잔틀
47	불	불길, 불꽃, 화염, 정열, 격정 ; 타오르다, 불꽃을 내다	명	flame [fleim] 쁠레임
48	면	면, 점, 관점, 관계 ; in every respect 모든 면에서	명	respect [rispékt] 리스뻭트
49	구	구성, 조립, 조직, 합성, 혼합, 작문, 작곡	명	composition [kàmpəzíʃən] 캄퍼지션
50	멍	멍한, 멍청한, 비어있는, 공허한, 한가한	형	vacant [véikənt] 베이큰트
51	이	이-즈, 안락, 편안, 용이, 쉬움 ; 덜다, 완화하다, 안심시키다	명	ease [i:z] 이-즈
52	뚫	뚫다, 꿰뚫다, 관통하다, 침입하다, 침투하다, 지나가다	동	penetrate [pénətrèit] 페너트레잇
53	리	리퀴드, 액체의, 유동체의, 유동하는, 유동적인	형	liquid [líkwid] 리퀴드
54	는	언유-주을, 이상한, 보통이 아닌, 유별난, 색다른, 진기한	형	unusual [ʌnjú:ʒuəl] 언유-주을

55	커	커–런트, 흐름, 해류, 경향, 추세 ; 통용하고 있는, 지금의, 현재의	명	current [kə́:rənt] 커–런트
56	다	다이너스디, 왕조, 명가, 명문	명	dynasty [dáinəsti] 다이너스디
57	란	안달, 걱정, 근심, 불안, 걱정거리, 열망, 염원	명	anxiety [æŋzáiəti] 앵자이어디
58	솜	솜씨, 숙련, 노련, 교묘함, 능숙함, 기능, 기술	명	skill [skil] 스 낄
59	사	사회, 사회집단, 세상, 사교, 교제, 회, 협회, 단체	명	society [səsáiəti] 서사이어디
60	탕	탕진하다, 다 써버리다, 소진하다		run out of ~ 런 아우 더브

자동암기 평생기억 (Auto-Memorizing Never Forgotten)

Part Ⅳ

노래따라 첫말잇기로 자동암기

국민 애창동요 (2)

순서

23 나의 살던 고향은 1절

1	나	나잇, 기사, 무사 ; ~에게 기사 작위를 수여하다	명	**knight** [nait] 나잇
2	의	의무, 책임, 책무, 부담, 책임감	명	**responsibility** [rispànsəbíləti] 리스빤서빌러디
3	살	살리드, 고체의, 고형의, 단단한, 딱딱한, 견고한, 튼튼한	형	**solid** [sálid] 살리드
4	던	던지다, (그물을) 던지다, 치다, (빛 · 그림자를) 던지다, 투사하다	동	**cast** [kæst] 캐스트
5	고	고우 온 위드, ~을 계속하다 ; He went on with studying. 그는 계속해서 공부했다.		**go on with ~** 고우 온 위드
6	향	향신료, 양념, 양념류, 풍미, 취향, 묘미	명	**spice** [spais] 스빠이스
7	온	언어카운터블, 설명할 수 없는, 까닭을 알 수 없는, 이상한	형	**unaccountable** [ʌnəkáuntəbəl] 언어카운터블
8	꽃	꽃 ; 꽃을 피우다, 피다	동	**blossom** [blásəm] 블라섬
9	피	피스틀, 권총 ; 권총으로 쏘다	명	**pistol** [pístl] 피스틀
10	는	언츠루, 진실이 아닌, 허위의, 거짓의, 불성실한	형	**untrue** [ʌntrú:] 언트루-

11	산	산수, 산술, 계산, 셈 ; 산수의, 계산의	명	arithmetic [əríθmətik] 어리뜨머딕
12	골	골고루, 고루, 고르게, 대등하게, 평등하게, 평평하게	부	evenly [íːvənli] 이-븐리
13	복	복구, 회복, 경기 회복, 쾌유, 되찾음, 만회	명	recovery [rikʌ́v-əri] 리커브리
14	숭	숭배하다, 존경하다, 숭경하다, 받들다, 찬미하다, 흠모하다	동	adore [ədɔ́ːr] 어도-
15	아	아웃컴, 결과, 과정, 성과	명	outcome [áutkʌ̀m] 아웃컴
16	꽃	꽃다발, 부케, 대규모의 불꽃	명	bouquet [boukéi] 보우케이
17	살	살럼, 엄숙한, 근엄한, 장엄한, 장중한, 중대한	형	solemn [sɑ́ləm] 살럼
18	구	구조, 구성, 건설, 건축, 건축물, 공사, 작업	명	construction [kənstrʌ́kʃən] 컨스뜨럭션
19	꽃	꽃, 꽃의 만발, 활짝 핌, 개화기 ; 꽃이 피다, 개화하다	명	bloom [bluːm] 블루-움
20	아	아-비트레리, 멋대로의, 임의의, 방자한, 독단적인	형	arbitrary [ɑ́ːrbitrèri] 아-비트레리
21	기	기대다, 의존하다, 좌우되다, ~에 의지하다, ~에달려있다	동	depend [dipénd] 디펜드

번호	첫 글자	뜻	품사	단어
22	진	진술하다, 주장하다, 말하다 ; 상태, 형편, 사정	동	state [steit] 스떼잇
23	달	달-링, 다-알링, 가장 사랑하는 사람, 귀여운 사람, 소중한 것	명	darling [dɑ́:rliŋ] 다-알링
24	래	래브러토-리, 실험실, 시험실, 연구소	명	laboratory [lǽb-ərətɔ̀:ri] 래브러토-리
25	울	울부짖다, 소리치다, 큰소리로 외치다 ; 울부짖음, 외침, 절규, 비명	동	scream [skri:m] 스끄리-임
26	긋	긋다, 표시하다, 부호를 붙이다, 흔적을 남기다	동	mark [mɑ:rk] 마- 크
27	불	불러틴, 게시, 고시, 공보 ; 게시하다, 고시하다, 발표하다	명	bulletin [búlətin] 불러든
28	긋	긋다, 줄을 긋다, 그리다, 제도하다	동	draw [drɔ:] 드 로-
29	꽃	꽃이 피어, 한창인, 꽃이 만발한		in flower 인 쁠라우어
30	대	대기오염, 불결, 환경파괴, 공해, 오염물질	명	pollution [pəlú:ʃən] 펄루-션
31	궐	궐기하다, 모이다, 불러 모으다, 다시 모으다 ; 궐기, 집결, 집회	동	rally [rǽli] 랠 리
32	차	차-밍, 매력적인, 아름다운, 호감이 가는, 즐거운	형	charming [tʃɑ́:rmiŋ] 차- 밍

33	리	리모우트, 먼, 먼 곳의, 인가에서 떨어진, 외딴의	형	remote [rimóut] 리모우트
34	인	인애디퀏, 부적당한, 불충분한, 미숙한, 모자라는	형	inadequate [inǽdikwit] 인애디퀏
35	동	동정, 헤아림, 동감, 공감, 공명, 호의, 찬성	명	sympathy [símpəθi] 심퍼띠
36	네	네이비, 해군, 해군전력, 해군군인	명	navy [néivi] 네이비
37	그	그린, (이를 드러내고) 씩 웃다, 싱글거리다	동	grin [grin] 그 린
38	속	속속들이, 철저하게, 완전히, 충분히, 완벽하게	부	thoroughly [θə́:rouli] 떠-로울리
39	에	에일련, 외국의, 이국의, 외국인의, 지구 밖의, 성질이 다른	형	alien [éiljən] 에일련
40	서	서브사이드, 섭사이드, 가라앉다, 침강하다, 침전하다	동	subside [səbsáid] 섭사이드
41	놀	놀리다, 놀려대다, 조롱하다		make fun of ~ 메익 뻔 어브
42	던	던즌, 토굴 감옥, 지하 감옥	명	dungeon [dʌ́ndʒən] 던 즌
43	때	때를 잘 지키는, 어김없는, 시간을 엄수하는, 착실한	형	punctual [pʌ́ŋktʃuəl] 뻥추을

44	가	가이드라인, 지침, 인도(引導)밧줄, 희미한 윤곽	명	**guideline** [gáidlàin] 가이들라인
45	그	그리디, 욕심 많은, 탐욕스러운, 갈망하는	형	**greedy** [gríːdi] 그리–디
46	립	립펜트, 리펜트, 후회하다, 유감으로 생각하다, 회개하다	동	**repent** [ripént] 리펜트
47	습	습관적인, 재래의, 통례의, 전통적인, 관례에 의한	형	**customary** [kʌ́stəmèri] 커스떠메리
48	니	니–디, 가난한, 생활이 딱한 ; the needy 궁핍한 사람들	형	**needy** [níːdi] 니– 디
49	다	다–크, 어두운, 암흑의, 거무스름한, 모호한, 비밀의	형	**dark** [dɑːrk] 다– 크

24 나의 살던 고향은 2절

1	꽃	꽃 같은, 꽃이 많은, 꽃으로 뒤덮인, 화려한	형	flowery [fláuəri] 뻘라우어리
2	동	동료, 상대, 친구, 말동무, 벗, 동반자	명	companion [kəmpǽnjən] 컴패년
3	네	네이블, 해군의, 군함의, 해군력이 있는	형	naval [néivəl] 네이블
4	새	새디스빠이, 만족시키다, 충족시키다, 채우다	동	satisfy [sǽtisfài] 새디스빠이
5	동	동틀녘, 새벽, 여명 ; 날이 새다, 밝아지다, 점점 분명해지다	명	dawn [dɔːn] 도- 온
6	네	네일, 손톱, 발톱, 못, 징 ; 못을 박다, 못으로 고정하다	명	nail [neil] 네 일
7	나	(목소리 등이) 나약한, 희미한, 어렴풋한, 힘없는, 무기력한	형	faint [feint] 뻬인트
8	의	의문, 질문, 의심, 문제	명	question [kwéstʃən] 퀘스천
9	옛	옛날에는, 이전에는, 원래는	부	formerly [fɔ́ːrməːrli] 뽀-머-얼리
10	고	고난, 고초, 곤란, 곤궁, 곤경, 어려운 일	명	hardship [hɑ́ːrdʃip] 하-드십

11	향	향기로운, 냄새 좋은, 방향성의, 향긋한	형	fragrant [fréigrənt] 쁘레이그런트
12	파	파이럿, 해적, 해적선, 표절자, 도작자, 저작권 침해자	명	pirate [páiərət] 파이럿
13	란	안락, 편안, 위로, 위안 ; 위로하다, 위문하다	명	comfort [kʌ́mfərt] 컴뻐트
14	들	들어맞는, 꼭 맞는, 알맞은, 적당한, 어울리는, 건강이 좋은	형	fit [fit] 삣
15	남	남다, 남아 있다, 머무르다, 체류하다 ; 잔존물, 잔액, 유물, 유적	동	remain [riméin] 리메인
16	쪽	족한, 충분한, 만족한	형	sufficient [səfíʃənt] 서삐션트
17	에	에비든스, 증거, 흔적, 증거물, 증인, 증언	명	evidence [évidəns] 에비든스
18	서	서-삐스, 표면, 외면, 외부, 외관, 겉보기	명	surface [sə́:rfis] 서-삐스
19	바	바로미터, 버라미터, 기압계, 고도계, 표준, 지표	명	barometer [bərámitər] 버라미러
20	람	암-뿔, 아-암뿔, 한 아름(의 분량)	명	armful [á:rmfùl] 아-암뿔
21	이	이-칼러지, 생태학, 인류 생태학, 생태환경	명	ecology [i:kálədʒi] 이-칼러지

22	불	불, 황소, 수컷	명	bull [bul] 불
23	면	면전에서, ~앞에서		in the presence of 인 더 프레즌스 어브
24	냇	냇처럴 데뜨, 자연사		natural death 내처럴 데뜨
25	가	가븐, 통치하다, 다스리다, 지배하다, 억제하다	동	govern [gʌ́vərn] 가 븐
26	에	에주케이셔늘, 교육(상)의, 교육에 관한, 교육적인	형	educational [èdʒukéiʃənəl] 에주케이셔늘
27	수	수-퍼바이즈, 관리하다, 감독하다, 지휘하다	동	supervise [sú:pərvàiz] 수-퍼바이즈
28	양	양심, 도의심, 도덕관념, 의식, 자각	명	conscience [kánʃəns] 칸션스
29	버	버-든, 무거운 짐, 짐, 부담, 걱정, 괴로움 ; 짐을 지우다	명	burden [bə́:rdn] 버- 든
30	들	들일, 드릴, 훈련, 반복연습, 훈련 ; 꿰뚫다, 구멍을 뚫다	명	drill [dril] 드 릴
31	춤	춤, 높이, 키, 고도, 표고, 고지, 절정, 극치	명	height [hait] 하 잇
32	추	추적, 추격, 추구, 속행, 수행, 종사	명	pursuit [pərsú:t] 퍼수-웃

33	는	언타이, 풀다, 끄르다, ~의 속박을 풀다, 해방하다	동	**untie** [ʌntái] 언타이
34	동	동참하다, 참여하다, 참가하다		**take part in ~** 테익 파-트 인
35	네	네이키드, 벌거벗은, 나체의, 적나라한, 꾸밈없는	형	**naked** [néikid] 네이키드
36	그	그린, (이를 드러내고) 씩 웃다, 싱글거리다	동	**grin** [grin] 그 린
37	속	속속들이, 철저하게, 완전히, 충분히, 완벽하게	부	**thoroughly** [θə́:rou li] 떠-로울리
38	에	에일련, 외국의, 이국의, 외국인의, 지구 밖의, 성질이 다른	형	**alien** [éiljən] 에일련
39	서	서브사이드, 섭사이드, 가라앉다, 침강하다, 침전하다	동	**subside** [səbsáid] 섭사이드
40	놀	놀리다, 놀려대다, 조롱하다		**make fun of ~** 메익 뻔 어브
41	던	던즌, 토굴 감옥, 지하 감옥	명	**dungeon** [dʌ́ndʒən] 던 즌
42	때	때를 잘 지키는, 어김없는, 시간을 엄수하는, 착실한	형	**punctual** [pʌ́ŋktʃuəl] 펑추얼
43	가	가이드라인, 지침, 인도(引導)밧줄, 희미한 윤곽	명	**guideline** [gáidlàin] 가이들라인

44	그	그리-디, 욕심 많은, 탐욕스러운, 갈망하는	형	greedy [gríːdi] 그리-디
45	립	립펜트, 리펜트, 후회하다, 유감으로 생각하다, 회개하다	동	repent [ripént] 리펜트
46	습	습관적인, 재래의, 통례의, 전통적인, 관례에 의한	형	customary [kʌ́stəmèri] 커스터메리
47	니	니-디, 가난한, 생활이 딱한 ; the needy 궁핍한 사람들	형	needy [níːdi] 니- 디
48	다	다-크, 어두운, 암흑의, 거무스름한, 모호한, 비밀의	형	dark [dɑːrk] 다- 크

25 개구리 소년

1	개	개인의, 사적인, 개인에 속하는, 사립의, 사설의	형	**private** [práivit] 프라이빗
2	구	구분하다, 분류하다, 유별하다, 등급으로 나누다	동	**classify** [klǽsəfài] 클래서빠이
3	리	리-얼라이즈, 실현하다, 현실화하다, 실감하다, 깨닫다	동	**realize** [rí:əlàiz] 리얼라이즈
4	소	소-, (상처가) 아픈, 욱신욱신 쑤시는, 염증을 일으킨	형	**sore** [sɔ:*r*] 소-
5	년	연구, 조사, 탐색, 탐구 ; 연구하다, 조사하다	명	**research** [risə́:*r*tʃ] 리서-치
6	개	개인의, 사적인, 개인에 속하는, 사립의, 사설의	형	**private** [práivit] 프라이빗
7	구	구분하다, 분류하다, 유별하다, 등급으로 나누다	동	**classify** [klǽsəfài] 클래서빠이
8	리	리-얼라이즈, 실현하다, 현실화하다, 실감하다, 깨닫다	동	**realize** [rí:əlàiz] 리얼라이즈
9	소	소-, (상처가) 아픈, 욱신욱신 쑤시는, 염증을 일으킨	형	**sore** [sɔ:*r*] 소-
10	년	연구, 조사, 탐색, 탐구 ; 연구하다, 조사하다	명	**research** [risə́:*r*tʃ] 리서-치

11	네	네서스리, 필요한, 없어서는 안 될, 필연적인, 필수의	형	necessary [nésəsèri] 네서세리
12	가	가이든스, 안내, 인도, 지도, 학생[학습]지도	명	guidance [gáidns] 가이든스
13	울	울런, 양털의, 모직물의, 모직의	형	woolen [wúlən] 울 런
14	면	면식의, ~을 아는, ~와 아는 사이인, ~에 밝은,	형	acquainted [əkwéintid] 어퀘인티드
15	무	무관심, 냉담, 중요하지 않음, 사소함, 평범	명	indifference [indífərəns] 인디뻐런스
16	지	지난번, 이전의, 앞의, 사전의,	형	previous [príːviəs] 프리-비어스
17	개	개더링, 모임, 회합, 집회, 채집, 수집, 채집 생활	명	gathering [gǽðəriŋ] 개드링
18	연	연결, 결합, 관계, 관련, 전후관계, 앞뒤, 연락, 접속	명	connection [kənékʃən] 커넥션
19	못	못토우, 마토우, 모토, 표어, 좌우명, 금언, 격언	명	motto [mɔ́tou, mátou] 모토우, 마토우
20	에	에인즐, 천사, 수호신, 천사 같은 사람, 자금 후원자	명	angel [éindʒəl] 에인즐
21	비	비헤이벼, 행동, 행실, 동작, 태도, 품행	명	behavior [bihéivjər] 비헤이벼

No.		뜻	품사	단어
22	가	가능한 한 빨리		**as soon as possible** 애즈 수-운 애즈 파서블
23	온	온 세일, 판매 중		**on sale** 온 세일
24	단	단계, 시기, 무대, 연단, 발판, 활동무대, 활동범위	명	**stage** [steidʒ] 스떼이지
25	다	다이렉터, 디렉터, 지도자, ~의 장, 관리자, 지휘자, 감독	명	**director** [dairéktər] 다이렉터
26	비	비-스트, 짐승, 금수, 동물	명	**beast** [bi:st] 비-스트
27	바	바-버, 이발사, 수다스런 야구선수, 빈볼을 던지는 투수	명	**barber** [bá:rbər] 바- 버
28	람	암-어먼트, 아-머먼트, 장비, 무기, 병기, 군사력	명	**armament** [á:rməmənt] 아-머먼트
29	몰	몰드, 모울드, 형, 금형, 주형, 틀	명	**mold** [mould] 모울드
30	아	아퍼레이션, 가동, 작용, 직업, 효력, 운전, 운영, 수술, 군사행동	명	**operation** [àpəréiʃən] 아퍼레이션
31	쳐	쳐들어가다, 참입하다, 침공하다,침략하다	동	**invade** [invéid] 인베이드
32	도	도중에, 중도에, 진행하여		**on the way** 온 더 웨이

33	이	**이그잼플**, 예, 보기, 실례, 예증, 견본, 표본, 모범, 본보기	명	**example** [igzǽmpəl] 이그잼플
34	겨	**겨루다**, 다투다, 경쟁하다, 싸우다논쟁하다	동	**contend** [kənténd] 컨텐드
35	내	**내셔늘**, 국민의, 온 국민의, 전국적인, 국가적인	형	**national** [nǽʃənnəl] 내셔늘
36	고	**고객**, 손님, 단골, 거래처	명	**customer** [kʌ́stəmər] 커스떠머
37	일	**일기예보를 하다**, 예측하다, 예상하다	동	**forecast** [fɔ́ːrkæ̀st] 뽀–캐스트
38	곱	**곱슬곱슬하게 하다**, 비틀다, 꼬다 ; 곱슬머리	동	**curl** [kəːrl] 커– 을
39	번	**번–, 버–언**, 불태우다, 태우다, 불사르다, 점화하다	동	**burn** [bəːrn] 버– 은
40	넘	**넘버–릴스**, 셀 수 없는, 무수한, 번호 없는	형	**numberless** [nʌ́mbəːrlis] 넘버을–리스
41	어	**어사인**, 할당하다, 배당하다, 부여하다, 지정하다	동	**assign** [əsáin] 어사인
42	져	**져지**, 재판관, 판사, 심판원, 감정가 ; 판단하다, 재판하다	명	**judge** [dʒʌdʒ] 저 지
43	도	**도둑질하다**, 훔치다, 몰래 빼앗다, 절취하다	동	**steal** [stiːl] 스띠–일

44	일	일-네이쳐드, 심술궂은, 비뚤어진, 성질 나쁜,	형	ill-natured [íl:-néitʃərd] 일—네이쳐드
45	어	어라이즈, 일어나다, 나타나다, (문제 따위가) 발생하다, 생기다	동	arise [əráiz] 어라이즈
46	나	나머네이션, 지명, 임명, 임명권, 추천	명	nomination [nàmənéiʃ-ən] 나머네이션
47	라	라잇, 권리, 정의, 올바름, 공정, 정확함	명	right [rait] 라 잇
48	울	울긋불긋한, 색채가 풍부한, 다채로운, 화려한	형	colorful [kʌ́lərfəl] 컬러뻘
49	지	지속적인, 계속적인, 연속적인, 부단한, 잇단	형	continuous [kəntínjuəs] 컨티뉴어스
50	말	말다툼하다, 논쟁하다, 논의하다, 다투다, 경쟁하다	동	dispute [dispjú:t] 디스퓨—웃
51	고	고문, 심한 고통, 고뇌, 고민 ; 괴롭히다, 억지로 비틀다	명	torture [tɔ́:rtʃə:r] 토- 쳐
52	일	일임하다, 위탁하다, 위임하다, 맡기다, 범하다, 저지르다	동	commit [kəmít] 커 밋
53	어	어소우시에이션, 연합, 관련, 결합, 제휴, 교제, 친밀, 협회	명	association [əsòusiéiʃən] 어소우시에이션
54	나	나우데이즈, 현재에는, 오늘날에는 ; 현재, 현대, 오늘날	부	nowadays [náu-ədèiz] 나우데이즈

55	피	피치, 던지다, 내던지다, 투수를 맡다, 등판하다	동	**pitch** [pitʃ] 피 치
56	리	리피-트, 되풀이하다, 반복하다, 흉내 내어 말하다	동	**repeat** [ripíːt] 리피-잇
57	를	얼레지, 단언하다, 진술하다, (변명으로) 내세우다	동	**allege** [əlédʒ] 얼레지
58	불	불가능한, ~할 수 없는, 믿기 어려운, 있을 수 없는	형	**impossible** [impásəbəl] 임파서블
59	어	어시스튼스, 원조, 도움, 조력	명	**assistance** [əsístəns] 어시스튼스
60	라	라이쳐스, 올바른, 정직한, 정당한, 당연한	형	**righteous** [ráitʃəs] 라이쳐스
61	필	필, 환약, 알약	명	**pill** [pil] 필
62	릴	릴랙스, 늦추다, 완화하다, 느슨해지다, 마음을 풀다	동	**relax** [rilǽks] 릴랙스
63	리	리버-티, 자유, 자립, 해방, 석방, 멋대로 함	명	**liberty** [líbəːrti] 리버-디
64	개	개발하다, 조성하다, 발전시키다, 발달시키다	동	**develop** [divéləp] 디벨럽
65	골	골격, 체격, 뼈대, 구조, 틀, 테 ; 뼈대를 만들다, 짜 맞추다	명	**frame** [freim] 쁘레임

번호	첫말	뜻	품사	단어
66	개	**개더**, 모으다, 그러모으다, 수집하다, 축적하다	동	gather [gǽðər] 개 더
67	골	(사람·마음을) **골몰케 하다**, 열중케 하다, 흡수하다, 빨아들이다	동	absorb [æbsɔ́:rb] 앱소–브
68	무	**무궁하게**, 영구히, 끊임없이, 언제나	부	forever [fərévə:r] 뻐레버–
69	지	**지금**, 현재, 오늘날 ; 지금의, 현재의, 오늘날의	명	present [prézənt] 프레즌트
70	개	**개리슨**, 수비대, 주둔군, 요새, 주둔지	명	garrison [gǽrəsən] 개러슨
71	연	**연료**, 신탄, 장작 ; 연료를 공급하다	명	fuel [fjú:əl] 쀼–얼
72	못	**못토, 모우터,** 발동기, 내연기관, 전동기, 자동차	명	motor [móutə:r] 모우러–
73	에	**에머그레이션,** 이주, 이사, 이민	명	emigration [èməgréiʃən] 에머그레이션
74	웃	**웃음**, 웃음소리	명	laughter [lǽftə:r] 래쁘터–
75	음	**음률**, 선율, 아름다운 곡조, 가락, 가곡	명	melody [mélədi] 멜러디
76	꽃	**꽃이 피기 시작하다**		come into blossom 컴 인투 블러섬

77	핀	핀잔을 주다, 비난하다, 꾸짖다, 징계하다 ; 핀잔, 비난, 힐책	동	**rebuke** [ribjúːk] 리뷰-욱
78	다	**다임**, 10센트 은화, 돈, 단돈 한 푼	명	**dime** [daim] 다 임

26 노을 지는 강가에서

1	노	노우블, 귀족의, 고귀한, 고상한, 고결한, 유명한	형	**noble** [nóub-əl] 노우블
2	을	얼라이, 동맹하게 하다, 연합하게 하다, 결합시키다	동	**ally** [əlái, ǽlai] 얼라이, 앨라이
3	지	지장, 장애, 장애물, 방해, 방해물	명	**obstacle** [ɑ́bstəkəl] 스떠클
4	는	언로울, 풀다, 펴다, 펼치다, 풀리다, 펴지다, 전개되다	동	**unroll** [ʌnróul] 언로울
5	강	강제하다, 억지로 시키다, 강요하다, (강제적으로) 끌어들이다	동	**compel** [kəmpél] 컴 펠
6	가	가격, 원가, 비용, 지출, 경비, 희생, 손실 ; 비용이 들다	명	**cost** [kɔːst] 코-스트
7	에	에너미, 적, 원수, 적수, 경쟁상대	명	**enemy** [énəmi] 에너미
8	서	서브밋, 복종시키다, 따르게 하다, 제출하다, 제공하다	동	**submit** [səbmít] 서브밋
9	그	그림, 엄격한, 엄한, 모진, 험상스러운, 소름끼치는	형	**grim** [grim] 그 림
10	럼	림플, 주름, (접은) 금 ; ~에 주름을 잡다	명	**rimple** [rímp-əl] 림플

11	을	얼-터닛, 번갈아 하는 교대의, 서로 엇갈리는 ; 교대하다, 교체하다	형	**alternate** [ɔ́:ltərnit] 어-을터닛
12	그	그랜트, 주다, 수여하다, 부여하다, 승인하다	동	**grant** [grænt, grɑ:nt] 그랜트, 그라-안트
13	렸	엿듣다, 몰래 듣다, 도청하다, 귓결에 듣다, 어쩌다 듣다	동	**overhear** [òuvərhíər] 오우버히어
14	어	어레스트, 체포하다, 구금하다, 막다, 저지하다	동	**arrest** [ərést] 어레스트
15	요	요즈음, 오늘날에는, 현재에는	부	**nowadays** [náu-ədèiz] 나우데이즈
16	도	도둑, 도적, 좀도둑, 절도범	명	**thief** [θi:f] 띠-쁘
17	화	화산, (화산 같은) 폭발력이 있는 것, 분화구	명	**volcano** [vɑlkéinou] 발케이노우
18	지	지불, 납부, 납입, 지불액, 보수, 보상, 지불금액	명	**payment** [péimənt] 페이먼트
19	에	에고우이즘, 이기주의, 자기 본위, 자기중심적인 성향	명	**egoism** [égouìzəm] 에고우이즘
20	가	가-드닝, 조원(造園)(술), 원예, 식물을 베어내는 일	명	**gardening** [gɑ́:rdniŋ] 가-드닝
21	득	득점하다, 획득하다, 기록하다, 채점하다	동	**score** [skɔ:r] 스 꼬-

22	히	**히스터리,** 역사, 사실, 역사학, 경력, 이력, 유래, 변천, 발달사	명	**history** [hístəri] 히스트리
23	내	**내서디,** 불쾌한, 싫은, 더러운, 견딜 수 없을 만큼 싫은	형	**nasty** [nǽsti] 내스디
24	마	**마이그레잇,** 이주하다, 이동하다, 퍼지다, 확산시키다	동	**migrate** [máigreit] 마이그레잇
25	음	**음조,** 음색, 음질, 음의 고저, 곡, 곡조 ; 음을 맞추다, 조율하다	명	**tune** [tjuːn] 튜- 운
26	을	**얼추,** 겨우, 간신히 ; 거의 ~아니다, 단연 ~아니다,	부	**scarcely** [skɛ́əːrsli] 스께어-슬리
27	그	**그랜트,** 주다, 수여하다, 부여하다, 승인하다	동	**grant** [grænt, grɑːnt] 그랜트, 그라-안트
28	렸	**엿듣다,** 몰래 듣다, 도청하다, 귓결에 듣다, 어쩌다 듣다	동	**overhear** [òuvərhíər] 오우버히어
29	어	**어레스트,** 체포하다, 구금하다, 막다, 저지하다	동	**arrest** [ərést] 어레스트
30	요	**요즈음,** 오늘날에는, 현재에는	부	**nowadays** [náu-ədèiz] 나우데이즈
31	나	**나이슬리,** 좋게, 잘, 능숙하게, 훌륭히, 상냥하게	부	**nicely** [náisli] 나이슬리
32	지	**지-녀스,** 천재, 비상한 재주, 천성, 소질, 타고난 자질	명	**genius** [dʒíːnjəs] 지-녀스

33	막	**막**, 얇은 막, 얇은 껍질, 얇은 층, 영화 ; 촬영하다, 필름에 찍다	명	**film** [film] 삘 름
34	한	**한가로이**, 유유히, 느긋하게, 여유 있게	부	**leisurely** [líːʒərli, léʒ-] 리–절리, 레–절리
35	언	**언에이블**, ~할 수 없는, 무력한, 자격이 없는, 능력이 없는	형	**unable** [ʌnéibəl] 언에이블
36	덕	**덕행**, 미덕, 덕, 선행, 장점, 가치, 효력, 효능	명	**virtue** [vəːrtʃuː] 버– 추–
37	위	**위–잎**, 눈물을 흘리다, 울다, 비탄하다, 슬퍼하다	동	**weep** [wiːp] 위–잎
38	에	**에머넌트**, 저명한, 유명한, 신분이 높은, 뛰어난, 탁월한	형	**eminent** [émənənt] 에머넌트
39	좁	**좁은**, 답답한 ; the strait gate 좁은 문 ; 해협	형	**strait** [streit] 스뜨레잇
40	다	**다이스**, 주사위, 주사위놀이, 노름, 작은 입방체	명	**dice** [dais] 다이스
41	란	**란–칭, 론–칭**, 시작하다, 발진시키다, 진수시키다, 진출시키다	동	**launch** [lɑːntʃ, lɔːntʃ] 라–안치, 로–온치
42	오	**오–토메이션**, (기계 · 조직의) 자동화, 자동조작, 자동제어	명	**automation** [ɔ̀ːtəméiʃən] 오–터메이션
43	솔	**솔리드**, 고체의, 고형의, 단단한, 딱딱한, 견고한	형	**solid** [sɔ́llid] 솔리드

44	길	길이, 장단, 세로, 키, 기간	명	length [leŋkθ] 랭 뜨
45	따	따이, 넓적다리	명	thigh [θai] 따 이
46	라	라잇, 의례, 의식, 교회의 의식, 관례, 전례	명	rite [rait] 라 잇
47	키	키입 아웃, 안에 들이지 않다, 들어가지 않다 ; Danger! Keep out! 위험, 출입 금지!		keep out 키–이 파웃
48	작	작동하다, 작용하다, 영향을 미치다, 효과가 있다	동	work [wəːrk] 워– 크
49	은	언카먼, 흔하지 않은, 보기 드문, 진귀한, 보통이 아닌, 비범한	형	uncommon [ʌnkámən] 언카먼
50	코	코–스, 조잡한, 조악한, 거친, 굵은, 야비한, 상스러운	형	coarse [kɔːrs] 코– 스
51	스	스끼–임, 계획, 기획, 설계, 책략, 음모, 개요, 대략, 요강	명	scheme [skiːm] 스끼–임
52	모	모우스틀리, 대개는, 대부분은, 주로, 보통은	부	mostly [móustli] 모우스틀리
53	스	스께어스, 부족한, 적은, 결핍한, 드문, 희귀한	형	scarce [skεəːrs] 스께어–스
54	가	가버너, 통치자, 지배자, 주지사, 총독	명	governor [gʌvərnər] 가버너

No.		뜻	품사	단어
55	하	하-틀리, 마음으로부터, 열의를 갖고, 진심으로, 기운차게	부	heartily [há:rtili] 하–들리
56	늘	늘어나다, 길어지다, 늘이다, 길게 하다	동	lengthen [léŋkə-ən] 랭 뜬
57	닿	닿다, 도착하다, 도달하다, ~에 이르다, 다다르다	동	reach [ri:tʃ] 리– 치
58	는	언내츠럴, 부자연한, 자연법칙에 반하는, 이상한, 변태적인	형	unnatural [ʌnnǽtʃərəl] 언내츠럴
59	그	그래머, 문법, 문법론, 문법책, 어법, 말투	명	grammar [grǽmər] 그래머
60	곳	곳간, 저장소, 창고, 저장, 보관	명	storage [stɔ́:ridʒ] 스또–리지
61	에	에주케이션, 교육, 훈육, 훈도, 양성, 지식, 학력, 교양	명	education [èdʒukéiʃən] 에주케이션
62	서	서-픈트, (크고 독이 있는) 뱀, 음험한 사람, 교활한 사람, 악마	명	serpent [sə́:rp-ənt] 서–픈트
63	엄	엄파이어, 심판, 심판자, 중재자, 심판원, 부심	명	umpire [ʌ́mpaiər] 엄파이어
64	마	마-즈, 화성	명	Mars [mɑ:rz] 마– 즈
65	아	아-트, 예술, 미술, 기술, 기예, 숙련, 기교, 솜씨	명	art [ɑ:rt] 아–트

66	빠	**빠이낸스**, 재정, 재무, 재원, 재력	명	**finance** [fainǽns] 빠이낸스
67	손	**손님**, 방문자, 호출인, 초청인	명	**caller** [kɔ́:lə*r*] 코–올러
68	잡	**잡담하다**, 담화하다, 이야기하다 ; 잡담, 한담, 세상 이야기	동	**chat** [tʃæt] cot
69	고	**고백하다**, 자백하다, 실토하다, 털어놓다, 인정하다, 자인하다	동	**confess** [kənfés] 컨 스
70	웃	**웃돌다**, 능가하다, 초과하다, ~보다 뛰어나다	동	**exceed** [iksí:d] 익시–드
71	고	**고–저스**, 호화로운, (문장 따위가) 찬란한, 화려한, 멋진	형	**gorgeous** [gɔ́:*r*dʒəs] 고–저스
72	있	**있스뻬셜**, 특별한, 각별한, 현저한, 특수한, 독특한, 특유의	형	**especial** [ispéʃəl] 이스뻬셜
73	는	**언셀삐쉬**, 이기적이 아닌, 욕심이 없는, 사심이 없는	형	**unselfish** [ʌnsélfiʃ] 언셀삐시
74	내	**내러티브**, 이야기의, 이야기체의, 설화식의 ; 이야기, 이야기체	형	**narrative** [nǽrətiv] 내러디브
75	모	**모우티브**, 동기(incentive), 동인, 행위의 원인	명	**motive** [móutiv] 모우디브
76	습	**습격**, 급습, 불의의 침입, 침략군 ; 급습하다, 쳐들어가다	명	**raid** [reid] 레이드

77	을	얼떨떨하게 하다, 당혹케 하다, 난처하게 하다	동	**puzzle** [pʌ́zl] 퍼 즐
78	아	**아웃룩,** 조망, 전망, 경치, 예측, 견해, 사고방식	명	**outlook** [áutlùk] 아웃룩
79	주	**주–디셜,** 사법의, 재판상의, 재판소의, 재판관의	형	**judicial** [dʒuːdíʃəl] 주–디셜
80	크	**크레쉬,** 충돌, 추락 ; 충돌하다, 추락하다, 불시착하다	명	**crash** [kræʃ] 크래시
81	게	**게도쁘,** 출발하다, 하차하다, 내리다		**get off** 게 도쁘
82	그	**그랜트, 그라안트,** 주다, 수여하다, 부여하다, 승인하다	동	**grant** [grænt, grɑːnt] 그랜트, 그라–안트
83	렸	엿듣다, 몰래 듣다, 도청하다, 귓결에 듣다, 어쩌다 듣다	동	**overhear** [òuvərhíər] 오우버히어
84	어	**어레스트,** 체포하다, 구금하다, 막다, 저지하다	동	**arrest** [ərést] 어레스트
85	요	**요즈음,** 오늘날에는, 현재에는	부	**nowadays** [náu-ədèiz] 나우데이즈
86	노	**노우블,** 귀족의, 고귀한, 고상한, 고결한, 유명한	형	**noble** [nóub-əl] 노우블
87	을	**얼라이,** 동맹하게 하다, 연합하게 하다, 결합시키다	동	**ally** [əlái, ǽlai] 얼라이, 앨라이

88	지	지장, 장애, 장애물, 방해, 방해물	명	obstacle [ɑ́bstəkəl] 압스떠클
89	는	언로울, 풀다, 펴다, 펼치다, 풀리다, 펴지다, 전개되다	동	unroll [ʌnróul] 언로울
90	강	강제하다, 억지로 시키다, 강요하다, (강제적으로) 끌어들이다	동	compel [kəmpél] 컴 펠
91	가	가격, 원가, 비용, 지출, 경비, 희생 ; 비용이 들다	명	cost [kɔːst] 코-스트
92	에	에너미, 적, 원수, 적수, 경쟁상대	명	enemy [énəmi] 에너미
93	서	서브밋, 복종시키다, 따르게 하다, 제출하다, 제공하다	동	submit [səbmít] 서브밋

27 둥근 해가 떴습니다.

1	둥	둥둥 떠다니다, 표류하다, 떠돌다, 헤매다 ; 표류, 떠내려 감	동	**drift** [drift] 드리쁘트
2	근	근면한, 부지런한, 공부하는, 공들인, 애쓴	형	**diligent** [dílədʒənt] 딜러즌트
3	해	해고하다, 면직하다, 떠나게 하다, 가게 하다	동	**dismiss** [dismís] 디스미스
4	가	가-디언, 감시인, 관리인, 보안관, 보호자, 후견인	명	**guardian** [gáːrdiən] 가-디언
5	떴	떴-서디, 목마른, 갈망하는, 절망하는, 마른, 건조한	형	**thirsty** [θəːrsti] 떠-스디
6	습	습기 찬, 축축한 ; 습기, 안개	형	**damp** [dæmp] 댐 프
7	니	니어사이티드, 근시의, 근시안적인, 소견이 좁은	형	**nearsighted** [níərsáitid] 니어사이디드
8	다	다인, 정찬을 들다, 저녁식사를 하다, 식사하다	동	**dine** [dain] 다 인
9	자	자스티스, 정의, 공정, 공평, 정당성, 옳음, 사법, 재판	명	**justice** [dʒʌ́stis] 자스티스, 저스티스
10	리	리젝트, 거절하다, 사절하다, 각하하다, 물리치다	동	**reject** [ridʒékt] 리젝트

11	에	**에네이블**, ~에게 능력을 주다, 가능하게 하다, 가능성을 주다	동	**enable** [enéibəl] 에네이블
12	서	**서브듀-**, 정복하다, 복종시키다, 진압시키다, 억제하다	동	**subdue** [səbdjúː] 서브듀-
13	일	**일러스트레잇**, 설명하다, 예증하다, 삽화를 넣다, 설명도를 넣다	동	**illustrate** [íləstrèit] 일러스뜨레잇
14	어	**어세스**, 평가하다, 사정하다, 할당하다, 부과하다	동	**assess** [əsés] 어세스
15	나	**나우 앤 어겐**, 때때로, 가끔		**now and again** 나우 앤 어겐
16	서	**서-브**, 섬기다, 봉사하다, 근무하다, 도움이 되다	동	**serve** [səːrv] 서- 브
17	제	**제일**, 교도소, 감옥, 구치소 ; 투옥하다	명	**jail** [dʒeil] 제 일
18	일	**일렉트릭**, 전기의, 전기를 띤, 발전하는, 발전용의	형	**electric** [iléktrik] 일렉트릭
19	먼	**먼아펄리**, **머나펄리**, 독점, 전매, 독점권, 전매권, 독점판매	명	**monopoly** [mənápəli] 머나펄리
20	저	**저장하다**, 저축하다, 보관하다, 공급하다	동	**store** [stɔːr] 스 또-
21	이	**이그재저레이션**, 과장, 허풍, 과대시, 과장적 표현	명	**exaggeration** [igzæ̀dʒəréiʃən] 이그재저레이션

22	를	얼라익, 서로 같은, 마찬가지의 ; 똑같이, 같이	형	alike [əláik] 얼라익
23	닥	닥트린, 독트린, 교의, 교리, 주의, 신조, 정책	명	doctrine [dáktrin] 닥트린
24	자	자랑, 자존심, 긍지, 자만심, 오만, 거만 ; 자랑하다	명	pride [praid] 프라이드
25	윗	윗, 위트, 기지, 재치, 꾀바름, 지혜, 이해력	명	wit [wit] 윗
26	니	니-트, 산뜻한, 깔끔한, 단정한, 솜씨가 좋은, 훌륭한	형	neat [niːt] 니-잇
27	아	아-터리, 동맥, (교통 등의) 간선 ; the main artery 대동맥	명	artery [áːrtəri] 아-터리
28	랫	랫, 쥐, 시궁쥐, 비열한 놈, 변절자, 배반자	명	rat [ræt] 랫
29	니	니고우시에잇, 협상하다, 협의하다, 교섭하다	동	negotiate [nigóuʃièit] 니고우시에잇
30	닥	닥트린, 독트린, 교의, 교리, 주의, 신조, 정책	명	doctrine [dáktrin] 닥트린
31	자	자랑, 자존심, 긍지, 자만심, 오만, 거만 ; 자랑하다	명	pride [praid] 프라이드
32	세	세크러테리, 비서, 서기, 사무관, 비서관, 서기관	명	secretary [sékrətèri] 세크러테리

번호	첫 글자	뜻	품사	단어
33	수	수–어사이드, 자살, 자살행위, 자멸 ; 자살하다	명	suicide [sú:əsàid] 수–어사이드
34	할	할부, 월부, 납입금, 1회분	명	installment [instɔ́:lmənt] 인스또–올먼트
35	때	때, 기회, 호기, 행운, 가망, 가능성	명	opportunity [àpərtjú:nəti] 아퍼튜–너디
36	는	언새디스빽트리, 마음에 차지 않는, 만족스럽지 못한, 불충분한	형	unsatisfactory [ʌnsætisfǽktəri] 언새디스빽트리
37	깨	깨닫다, 알아차리다, ~을 알다		be aware of ~ 비 어웨어 어브
38	끗	끝내다, 마치다, 완성하다 ; 끝, 마지막, 종국	동	finish [fíniʃ] 삐니시
39	이	이큅, 갖추다, ~에 설비하다, 장비를 갖추다	동	equip [ikwíp] 이 큅
40	이	이–퀄리, 같게, 동등하게, 평등하게, 동시에	부	equally [í:kwəli] 이퀄리
41	쪽	쪽, 얇은 조각, 한 조각 ; 얇게 베다, 썰다, 베어내다	명	slice [slais] 슬라이스
42	저	저명한, 현저한, 두드러진, 걸출한, 탁월한	형	prominent [prámənənt] 프라머넌트
43	쪽	쪽, 조각, 단편, 일부, 부분, 부분품	명	piece [pi:s] 피–스

44	목	목킹, 마킹, 조롱하는 듯한, 흉내 내는	형	mocking [mɔ́kiŋ, mɑ́-] 모킹, 마킹
45	닦	닦다, 닦아 없애다, (얼룩을) 빼다, 지우다, 말소하다	동	wipe [waip] 와 잎
46	고	고상한, 우아한, 세련된, 기품 있는, 품위 있는	형	elegant [éligənt] 엘리건트
47	머	머슬, 근육, 힘줄, 완력, 압력	명	muscle [mʌ́s-əl] 머 슬
48	리	리무-브, 옮기다, 움직이다, 제거하다, 이전하다	동	remove [rimúːv] 리무-브
49	묶	묶다, 동이다, 죄다, 잠그다, 채우다, 고정하다	동	fasten [fǽsn, fɑ́ːsn] 빼슨, 빠-슨
50	고	고-지, 게걸스레 먹다, 배불리 먹다, 실컷 먹이다, 가득 채우다	동	gorge [gɔːrʤ] 고- 지
51	옷	옷-더매틱, 오-더매틱, 자동의, 자동적인, 반사적인	형	automatic [ɔ̀ːtəmǽtik] 오-더매딕
52	을	얼레, 실패 ; 얼레에 감다, (실을) 감다	명	reel [riːl] 리-일
53	입	입엘류에잇, 이밸류에잇, 평가하다, 가치를 검토하다	동	evaluate [ivǽljuèit] 이밸류에잇
54	고	고울, 목적지, 행선지, 목표, 득점 ; 득점하다	명	goal [goul] 고 울

55	거	거품, 기포 ; 거품 일다, 끓다	명	bubble [bʌ́bəl] 버 블
56	울	울분, 노염, 성, 화, 분노	명	anger [ǽŋgər] 앵 거
57	글	얽히게 하다, 엉키게 하다, 함정에 빠뜨리다, 엉키다	동	tangle [tǽŋg-əl] 탱 글
58	봄	봄, 샘, 샘물 ; 튀다, 도약하다, 솟아오르다, 생기다	명	spring [spriŋ] 프쁘링
59	니	니고우시에이션, 협상, 교섭, 절충, 양도, 유통	명	negotiation [nigòuʃiéiʃən] 니고우시에이션
60	다	다이애벌리즘, 마법, 요술, 악마 같은 행위, 악마주의	명	diabolism [daiǽbəlìzəm] 다이애벌리즘
61	꼭	꼭, 반드시, 확실히, 틀림없이, 물론, 네, 그럼요!	부	surely [ʃúərli] 슈얼리
62	꼭	(통 · 수도 · 가스 따위의) 꼭지, 마개, 수탉, 수컷	명	cock [kɑk / kɔk] 칵, 콕
63	씹	씹다, 깨물어 바수다, 깊이 생각하다, 숙고하다	동	chew [tʃuː] 추–
64	어	어시스튼트, 조수, 보좌역, 보조자, 보조물, 조수	명	assistant [əsístənt] 어시스뜬트
65	밥	밥벌이 하다, 생계를 유지하다		make a living 메이 커 리빙

66	을	얼마간, 얼마쯤, 어느 정도, 약간, 다소	부	somewhat [sʌ́mhwàt] 섬 왓
67	먹	먹-큐리, 머-큐리, 수은, 수은주, 수성	명	mercury [mə́ːrkjəri] 머-커리
68	고	고난, 시련, 재난, 시도, 시험	명	trial [trái-əl] 트라이을
69	가	가이드, 길잡이, 안내자, 지도자, 선구자 ; 안내하다, 인도하다	명	guide [gaid] 가이드
70	방	방대한, 대량의, 부피가 큰, 넓은 범위의	형	massive [mǽsiv] 매시브
71	메	메더슨, 약, 약물, 내복약, 의학, 의술	명	medicine [médəs-ən] 메더슨
72	고	고우 ~ing, ~하러가다, He went shopping. 그는 쇼핑하러 갔다.		go ~ing 고 ~잉
73	인	인더비주얼, 개개의, 각개의, 일개인의, 독특한, 특유의	형	individual [ìndəvídʒuəl] 인더비주얼
74	사	사이칼러지, 심리학, 심리, 심리상태	명	psychology [saikálədʒi] 사이칼러지
75	하	하-디, 마음으로부터의, 친절한, 애정 어린, 따뜻한	형	hearty [háːrti] 하- 디
76	고	고안, 계획, 방책, 장치, 설비, 고안물	명	device [diváis] 디바이스

77	유	유-너버-슬, 우주의, 우주적인, 전 세계의, 보편적인	형	universal [jùːnəvə́ːrsəl] 유-너버-슬
78	치	치료, 치료법 ; 치료하다, 고치다, 교정하다	명	cure [kjuər] 큐 어
79	원	원트, 탐내다, ~을 원하다, 필요로 하다, 부족하다	동	want [wɔ(ː)nt] 워-은트
80	에	에머그런트, 이주하는, 이민의 ; 이민, 이주민	형	emigrant [éməgrənt] 에머그런트
81	갑	갑작스런, 예기치 않은, 의외의, 뜻밖의, 돌연한	형	unexpected [ʌ̀nikspéktid] 언익스뻭티드
82	니	니세서디, 필요, 필요성, 필수품, 필연성, 불가피성	명	necessity [nisésəti] 니세서디
83	다	다이렉들리, 똑바로, 직접, 곧, 즉시, 이내, 머지않아, 이윽고	부	directly [dairéktli] 다이렉들리
84	씩	씩씩한, 용감한, 훌륭한, 멋진 ; (위험 따위를) 무릅쓰다	형	brave [breiv] 브레이브
85	씩	씩씩한, 용감한, 훌륭한, 멋진 ; (위험 따위를) 무릅쓰다	형	brave [breiv] 브레이브
86	하	하이드, 숨기다, 덮어 가리다, 덮다, 감추다, 잠복하다	동	hide [haid] 하이드
87	게	게인 완즈 리빙, 생활비를 벌다(=earn)		gain one's living 게인 완즈 리빙

88	갑	갑절, 2배로, 2회, 두 번	부	**twice** [twais] 트와이스
89	니	니어바이, 가까운, 가까이의 ; 가까이에서	형	**nearby** [níərbái] 니어바이
90	다	다이얼렉트, 방언, 지방 사투리	명	**dialect** [dáiəlèkt] 다이얼렉트

28 아빠 힘내세요.

1	뒹	뒹굴다, 나뒹굴다, 굴러다니다, 굴러 떨어지다, 넘어지다	동	tumble [tʌ́mb-əl] 텀 블
2	동	동결하다, 얼다, 얼게 하다, 결빙시키다, 간담을 서늘케 하다	동	freeze [fri:z] 쁘리–즈
3	댕	댕글, 매달리다, 흔들흔들하다, 붙어 다니다, ~을 매달다	동	dangle [dǽŋgəl] 댕 글
4	초	초이스, 선택, 선정, 선택권, 종류	명	choice [tʃɔis] 초이스
5	인	인클라인, 기울이다, 경사지게 하다, 내키게 하다	동	incline [inkláin] 인클라인
6	종	종사하다, 관계하다, 약속하다, 속박하다, 고용하다,	동	engage [engéidʒ] 엔게이지
7	소	소울, (영)혼, 넋, 정신, 마음, 생기	명	soul [soul] 소 울
8	리	리쀼–즈, 거절하다, 거부하다, 물리치다	동	refuse [rifjú:z] 리쀼–즈
9	에	에피소우드, (소설·극 따위 속의) 삽화, 일련의 삽화적 사건	명	episode [épəsòud] 에퍼소우드
10	얼	얼리지, 단언하다, 진술하다, 증거 없이 주장하다	동	allege [əlédʒ] 얼레지

11	른	언릴라이어블, 신뢰할 수 없는, 의지할 수 없는, 믿어지지 않는	형	**unreliable** [ʌ̀nriláiəbəl] 언릴라이어블
12	문	문체, 필체, 말씨, 어조, 방법, 방식, 모양, 유행	명	**style** [stail] 스따일
13	을	얼른, 즉시, 곧 ; Do it at once. 즉시 해라.		**at once** 앳 완스
14	열	열등한, (품질 · 정도 등이) 떨어지는, 하급의, 하위의, 아래의	형	**inferior** [infíəriər] 인삐리어
15	었	었트랙, 어트랙, (주의 · 흥미 등을) 끌다, 끌어당기다,매혹하다	동	**attract** [ətrǽkt] 어뜨랙
16	더	더가웃, 참호, 지하호, 방공호, 지하 엄폐호	명	**dugout** [dʌ́gàut] 더가웃
17	니	니얼리, 거의, 대략, 긴밀하게, 밀접하게, 친밀하게	부	**nearly** [níərli] 니얼리
18	그	그래버테이션, 인력(작용), 중력, 하강, 침강	명	**gravitation** [grævətéiʃən] 그래버테이션
19	토	토우큰, 표, 징후, 나타남, 상징, 기장, 배지	명	**token** [tóuk-ən] 토우큰
20	록	록키, 락키, 흔들흔들하는, 불안한 ; 암석이 많은, 바위 같은	형	**rocky** [rɔ́ki, rάki] 로키, 라키
21	기	기브 라이즈 투 ~, ~을 일으키다, 생기게 하다, 야기하다		**give rise to ~** 기브 라이즈 투

22	다	다이악사이드, 이산화물	명	dioxide [daiáksaid] 다이악사이드
23	리	리스크, 위험, 모험, 위험성, 손상 ; 위험에 내맡기다, (목숨 등을) 걸다	명	risk [risk] 리스크
24	던	던져두다, 방치하다, 내버려두다		put aside 푸 더사이드
25	아	아-러삐셜, 인공의, 인위적인, 인조의, 부자연한, 일부러 꾸민	형	artificial [àːrtəfíʃəl] 아-더삐셜
26	빠	빠운데이션, 창설, 창립, 건설, 기초, 토대, 근거	명	foundation [faundéiʃ-ən] 빠운데이션
27	가	가-알런드, 화환, 화관, 꽃 줄 ; ~에게 화환을 씌우다	명	garland [gáːrlənd] 가-알런드
28	문	문-라잇, 달빛	명	moonlight [múːnlàit] 무-운라잇
29	앞	압티클, 눈의, 시각의, 시력의, 광학의	형	optical [áptikəl] 압티클
30	에	에머그레잇, (타국으로) 이주하다, 이민가다, 이사하다	동	emigrate [éməgrèit] 에머그레잇
31	서	서바이브, 살아남다, 오래 살다, ~의 후까지 생존하다,	동	survive [sərváiv] 서바이브
32	계	계획하다, 입안하다, 설계하다, 발사하다, 투영하다	동	project [prədʒékt] 프러젝트

33	셨	셧 업, 잠가두다, 닫아두다, 감금하다, 침묵시키다		shut up 셧 업
34	죠	죠운, 조운, 지역, 지구, 지대, 띠 모양의 부분	명	zone [zoun] 조운
35	너	너-스리, 아이 방, 육아실, 탁아소, 보육원	명	nursery [nə́:rs-əri] 너-스리
36	무	무딘, 날 없는, 둔감한, 어리석은, 무뚝뚝한, 퉁명스러운	형	blunt [blʌnt] 블런트
37	나	나긋나긋한, 구부리기 쉬운, 휘기 쉬운, 유연성이 있는	형	flexible [fléksəbəl] 쁠렉서블
38	반	반드, 묶는 것, 끈, 띠, 유대, 맺음, 인연, 결속, 증서	명	bond [band / bɔnd] 반드 / 본드
39	가	가공하다, 처리하다, (자료 등을) 조사 분류하다, 저장하다	동	process [práses] 프라세스
40	워	워-치, 지켜보다, 망보다, 경계하다	동	watch [wɔ:tʃ, watʃ] 워-치, 와치
41	웃	웃어른, 손위, 연장자, 연상의 사람, 선배 ; 손위의, 연장의	명	elder [éldər] 엘 더
42	으	어-지, 재촉하다, 서두르게 하다, 촉구하다, 자극하다	동	urge [ə:rdʒ] 어- 지
43	며	머시-너리, 기계류, 기계장치, 기관, 기구, 조직	명	machinery [məʃí:nəri] 머쉬-너리

44	아	아-러삐셜, 인공의, 인위적인, 인조의, 부자연한, 일부러 꾸민	형	artificial [àːrtəfíʃəl] 아-더삐셜
45	빠	빠운데이션, 창설, 창립, 건설, 기초, 토대, 근거	명	foundation [faundéiʃ-ən] 빠운데이션
46	하	하이브, 꿀벌 통, 꿀벌 떼 ; 벌집에 모이다, 벌집에 저장하다	명	hive [haiv] 하이브
47	고	고마움, 감사, 보은의 마음, 사의	명	gratitude [grǽtətjùːd] 그래더튜-드
48	불	불과, 단지, 단순히		nothin g but 나띵 벗
49	렀	렀스트, 러스트, (금속의) 녹, 때 ; 녹나다, 부식하다	명	rust [rʌst] 러스트
50	는	언시-인, 보이지 않는, 안 보이는, 처음 보는	형	unseen [ʌnsíːn] 언시-인
51	데	데디케이트, 바치다, 봉납하다, 헌납하다, 헌정하다	동	dedicate [dédikèit] 데디케잇
52	어	어소우시에잇, 연합시키다, 관련시키다, 연상하다, 제휴하다	동	associate [əsóuʃièit] 어소우시에잇
53	쩐	전의, 이전의, 앞의, 전자의	형	former [fɔ́ːrməːr] 뽀- 머
54	지	지-아머터리, 기하학	명	geometry [dʒiːámətri] 지-아머트리

55	오	**오우밋**, 빼다, 빠뜨리다, 생략하다, 게을리 하다, ~할 것을 빼먹다	동	**omit** [oumít] 오우밋
56	늘	(수량이) **늘어가다**, 증가하다		**be on the increase** 비 온 더 인크리스
57	아	**아-규-**, 논하다, 논의하다, 주장하다, 설득하다	동	**argue** [ά:rgju:] 아-규-
58	빠	**빠이낸셜**, 재정상의, 재무의, 금융상의, 재계의	형	**financial** [fainǽnʃəl] 빠이낸셜
59	의	**의지**, 의도, 뜻, 소원, 의지력, 유언, 유서	명	**will** [wil] 윌
60	얼	**얼라우**, 허락하다, 허가하다, 인정하다, 승인하다	동	**allow** [əláu] 얼라우
61	굴	**굴레**, 속박, 구속, 감금, 제지, 금지, 억제	명	**restraint** [ristréint] 리스트레인트
62	이	**이그느런스**, 무지, 무학, (어떤 일을) 모름	명	**ignorance** [ígnərəns] 이그느런스
63	우	**우스운**, 어리석은, 엉뚱한	형	**ridiculous** [ridíkjələs] 리디켤러스
64	울	**울**, 양털, 털실, 모직물	명	**wool** [wul] 울
65	해	**해더 베러 ~**, ~하는 편이 낫다 ; You had better go [not go]. 가는 [안 가는] 편이 좋다.		**had better ~** 해드 베러

66	보	보케이션, 직업, 생업, 일, 상업	명	vocation [voukéiʃən] 보케이션
67	이	이머-전시, 비상[돌발]사태, 위급, 위급한 경우	명	emergency [imə́:rdʒənsi] 이머-전시
63	네	네임리, 즉, 다시 말하자면 (that is to say)	부	namely [néimli] 네임리
69	요	요즈음, 오늘날, 최근에		these days 디즈 데이즈
70	무	무-드, 기분, 마음가짐, 분위기, 풍조, 우울, 짜증	명	mood [mu:d] 무- 드
71	손	선견지명, 예지, 예측, 조심	명	foresight [fɔ́:rsàit] 뽀-사잇
72	일	일-드, 이-일드, 생기게 하다, 산출하다, 양보하다	동	yield [ji:ld] 이-일드
73	이	이러테잇, 초조하게 하다, 노하게 하다, 자극하다, 흥분시키다	동	irritate [írətèit] 이러테잇
74	생	생귄, 쾌활한, 희망에 찬, 낙관적인, 자신만만한, 다혈질의	형	sanguine [sǽŋgwin] 생 귄
75	겼	겨를, 틈, 여가, 한가한 시간, 자유로운 시간	명	leisure [lí:ʒə:r, léʒ-] 리-저-, 레-저-
76	나	나날이, 날마다, 매일 ; 매일의, 일상의, 날마다의	부	daily [déili] 데일리

번호	음	뜻	품사	단어
77	요	요행히도, 운 좋게도, 다행스럽게도		by luck 바이 럭
78	무	무-드, 기분, 마음가짐, 분위기, 풍조, 우울, 짜증	명	mood [mu:d] 무- 드
79	손	선견지명, 예지, 예측, 조심	명	foresight [fɔ́:rsàit] 뽀-사잇
80	걱	걱정스러운, 불안한, 염려되는, 열망하는, 매우 ~하고 싶어 하는	형	anxious [ǽŋkʃəs] 앵셔스
81	정	정중한, 예의바른, 예절바른, 친절한	형	courteous [kə́:rtiəs] 커-티어스
82	있	있스떼잇, 토지, 사유지, 재산, 유산, 재산권	명	estate [istéit] 이스테잇
83	나	(선거 등에) 나가다, 출마하다		run for ~ 런 뽀-
84	요	요행, 행운, 운, 운수	명	luck [lʌk] 럭
85	아	아-규-, 논하다, 논의하다, 주장하다, 설득하다	동	argue [ɑ́:rgju:] 아- 규-
86	빠	빠이낸셜, 재정상의, 재무의, 금융상의, 재계의	형	financial [fainǽnʃəl] 빠이낸셜
87	힘	힘, 찬송가, 성가	명	hymn [him] 힘

88	내	내로우-마인디드, 마음이 좁은, 편협한, 도량이 좁은	형	**narrow-minded** [nǽroumáindid] 내로우마인디드
89	세	세넛, 상원, 입법부, 의회	명	**senate** [sénət] 세넛
90	요	요컨대, 간단히 말하자면, 한마디로		**in short** 인 쇼-트
91	우	우글거리다, 때지어 모이다, 가득 차다, 많이 모여들다	동	**swarm** [swɔːrm] 스워-엄
92	리	리퓨-즐, 거절, 거부, 사퇴	명	**refusal** [rifjúːz-əl] 리퓨-즐
93	가	가족, 세대, 한 집안 ; 가족의, 한 세대의, 집안의	명	**household** [háus-hòuld] 하우스호울드
94	있	있-스턴, 동쪽의, 동쪽으로의, 동양의, 동양풍의	형	**eastern** [íːstərn] 이-스턴
95	잖	잔존물, 잔액, 유물, 유적, 화석 ; 남다, 남아 있다, 머무르다	명	**remain** [riméin] 리메인
96	아	아이브라우, 눈썹	명	**eyebrow** [ái-bràu] 아이브라우
97	요	요금, 수수료, 수고값, 입회금, 입장료, 수험료, 공공요금	명	**fee** [fiː] 삐-
98	아	아-규-, 논하다, 논의하다, 주장하다, 설득하다	동	**argue** [áːrgjuː] 아- 규-

99	빠	**빠이낸셜**, 재정상의, 재무의, 금융상의, 재계의	형	**financial** [fainǽnʃəl] 빠이낸셜
100	힘	**힘**, 찬송가, 성가	명	**hymn** [him] 힘
101	내	**내로우--마인디드**, 마음이 좁은, 편협한, 도량이 좁은	형	**narrow-minded** [nǽroumáindid] 내로우마인디드
102	세	**세넛**, 상원, 입법부, 의회, (고대 로마 · 그리스의) 원로원	명	**senate** [sénət] 세 넛
103	요	**요컨대**, 간단히 말하자면, 한마디로		**in short** 인 쇼–트
104	우	**우글거리다**, 때지어 모이다, 가득 차다, 많이 모여들다	동	**swarm** [swɔːrm] 스워–음
105	리	**리쀼--즐**, 거절, 거부, 사퇴	명	**refusal** [rifjúːz-əl] 리쀼–즐
106	가	**가족**, 세대, 한 집안 ; 가족의, 한 세대의, 가사의	명	**household** [háus-hòuld] 하우스호울드
107	있	**있센셜**, 근본적인, 필수의, 불가결한, 본질적인, 본질의	형	**essential** [isénʃəl] 이센셜
108	어	**어라우즈**, 깨우다, 자극하다, 환기시키다, 야기하다	동	**arouse** [əráuz] 어라우즈
109	요	**요구**, 요망, 의뢰, 소망 ; 구하다, (신)청하다	명	**request** [rikwést] 리퀘스트

Part Ⅴ

노래가사 첫말잇기로 자동암기

국민 인기동요

순 서

29 아름다운 세상 1절

1	문	문장, 글, 판정, 판단, 판결, 선고 ; ~에게 판결을 내리다[형을 선고하다	명	sentence [séntəns] 센튼스
2	득	득, 이익, 수익, 윤, 소득, 이자 ; ~의 이익이 되다, ~의 득이 되다	명	profit [prάfit] 프라삣
3	외	외이스트, 헛되이 하다, 낭비하다, 황폐케 하다	동	waste [weist] 웨이스트
4	롭	옵픈리, 오픈리, 공공연히, 내놓고, 숨김없이, 솔직하게	부	openly [óupənli] 오우픈리
5	다	다웃뻘, 의심을 품고 있는, 의심스러운, 모호한	형	doubtful [dáutfəl] 다웃뻘
6	느	느린, 완만한, 늦은, 더딘, 우물쭈물하는	형	tardy [tά:rdi] 타- 디
7	낄	낄낄 웃다, 킥킥 웃다 ; 킥킥 웃음	동	giggle [gígəl] 기 글
8	때	때쁘트, 떼쁘트, 도둑질, 절도, 절도죄, 도루	명	theft [θeft] 떼쁘트
9	하	하러, 공포, 전율, 전율할만한 일, 혐오	명	horror [hάrər, hɔ́:-] 하러, 호러-
10	늘	늘어놓다, 진열하다, 전시하다, 나타내다, 보이다, 펼치다	동	display [displéi] 디스플레이

11	을	얼-모우스트, 거의, 거반, 대체로, 거의 ~라고 할 수 있는	부	almost [ɔ́:lmoust] 어-얼모우스트
12	봐	봐이얼런트, 격렬한, 맹렬한, 광포한, 폭력적인	형	violent [váiələnt] 바이얼런트
13	요	요욱, 멍에, 속박, 지배	명	yoke [jouk] 요 욱
14	같	같이하다, 함께하다, 공유하다, 나누다, 분배하다	동	share [ʃεə:r] 쉐 어-
15	은	언컴뻐터블, (사람·물건이) 불유쾌한, 기분이 언짢은, 거북한	형	uncomfortable [ʌnkʌ́mfərtəbəl] 언캄뻐더블
16	태	태그, 표, 꼬리표, 정가표, 표지, 번호패 ; 표를 붙이다	명	tag [tæg] 태 그
17	양	양호한, 좋은, 알맞은, 유리한, 호의를 보이는, 찬성의	형	favorable [féivərəbəl] 뻬이브러블
18	아	아블러게이션, 의무, 책임, 채무, 의리	명	obligation [àbləgéiʃən] 아블러게이션
19	래	래피들리, 빠르게, 재빨리, 신속히, 순식간에	부	rapidly [rǽpidli] 래피들리
20	있	있스띠-임, 존경하다, 존중하다, ~으로 간주하다 ; 존중, 존경, 경의	동	esteem [istí:m] 이스띠-임
21	어	어레인지, 배열하다, 정리하다, 가지런히 하다, 조정하다	동	arrange [əréindʒ] 어레인지

22	요	요구하다, 명하다, 규정하다, 필요로 하다	동	require [rikwáiə:r] 리콰이어–
23	우	우연한 사고, 우발사고, 돌발사고, 재난, 재해, 사고	명	accident [ǽksidənt] 액시든트
24	린	인컨비–년트, 불편한, 부자유스러운, 형편이 나쁜, 폐가 되는	형	inconvenient [ìnkənví:njənt] 인컨비–년트
25	하	하–안트, 종종 방문하다, 빈번히 들르다, 늘 붙어 따라다니다	동	haunt [hɔ:nt, hɑ:nt] 호–온트, 하–안트
26	나	나다, 일어나다, 발생하다, 생기다, 나타나다, 떠오르다	동	occur [əkə́:r] 어 커–
27	예	예를 들어, 예를 들면 (for example)		for instance 뽀 인스뜬스
28	요	요구하다, 청구하다, 요청하다, ~을 필요로 하다	동	demand [dimǽnd] 디맨드
29	마	마이너, 광부, 갱부, 광산업자	명	miner [máinər] 마이너
30	주	주–얼, 보석, 귀중품	명	jewel [dʒú:əl] 주– 얼
31	치	치장하다, 꾸미다, 장식하다, 칠을 하다, 도배하다	동	decorate [dékərèit] 데커레잇
32	는	넌센스, 무의미, 터무니없는 생각, 난센스 ; 무의미한	명	nonsense [nánsens] 난센스

33	눈	눈치 채다, 알아채다, 인지하다, 통지하다, 통고하다	동	notice [nóutis] 노우티스
34	빛	빛나다, 번쩍이다, 확 발화하다, 타오르다, 노하다, 발끈하다	동	flash [flæʃ] 쁠레시
35	으	어노이, 괴롭히다, 귀찮게 하다, 속 태우다	동	annoy [ənɔ́i] 어노이
36	로	로우그, 악한, 불량배, 깡패	명	rogue [roug] 로우그
37	만	만뜨, (한) 달, 월	명	month [mʌnθ] 만뜨
38	들	들볶다, 괴롭히다, 고문하다	동	torment [tɔ́ːrment] 토-멘트
39	어	어카머데잇, 조절하다, 숙박시키다, ~에 편의를 도모하다	동	accommodate [əkάmədèit] 어카머데잇
40	봐	봐이스, 악덕, 악, 사악, 부도덕, 악덕행위, 결함, 결점, 약점	명	vice [vais] 봐이스
41	요	요즈음, 최근에, 바로 얼마 전에	부	recently [ríːs-əntli] 리-선틀리
42	나	나란히, 병행하여, ~와 결탁하여		side by side 사이드 바이 사이드
43	즈	저당, 담보, 전당, 저당물,담보물, 서약 ; 서약하다, 약속하다	명	pledge [pledʒ] 플레지

44	막	**막-크트**, 기호[표]가 있는, 명료한, 두드러진, 저명한, 주의를 끄는	형	**marked** [mɑːrkt] 마-크트
45	히	**히스토리클**, 역사상의, (역)사적인, 사학의, 역사의	형	**historical** [histɔ́(ː)rikəl] 히스토리클
46	함	**함, 하-암**, 해, 해악, 손해, 손상	명	**harm** [hɑːrm] 하- 암
47	께	**깨끗한**, 청결한, 더럼이 없는, 잘 씻은, 순결한, 청정무구한	형	**clean** [kliːn] 클리-인
48	불	**불경기**, 불황, 의기소침, 침울, 우울, 우울증	명	**depression** [dipréʃən] 디프레션
49	러	**러스트**, (강한) 욕망, 갈망 ; 갈망하다, 열망하다	명	**lust** [lʌst] 러스트
50	요	**요컨대**, 간단히 말하자면, 한마디로		**in a word** 이 너 워드
51	사	**사이**, 한숨 쉬다[짓다], 탄식하다, 한탄하다, 슬퍼하다	동	**sigh** [sai] 사이
52	랑	**앙칼스러운**, 호전적인, 싸울 기세인, 공격적인	형	**aggressive** [əgrésiv] 어그레시브
53	의	**의도**, 의향, 의지, 목적, 의미, 취지	명	**intention** [inténʃən] 인텐션
54	노	**노우티드**, 저명한, 유명한, 이름난, 주목할 만한, 주목되는	형	**noted** [nóutid] 노우디드

No.		뜻	품사	단어
55	래	래디클, 근본적인, 기본적인, 철저한, 급진적인	형	radical [rǽdik-əl] 래디클
56	를	얼레이, (노여움 · 공포 · 불안 등을) 가라앉히다 (calm), 누그러뜨리다	동	allay [əléi] 얼레이
57	작	작대기, 막대기, 장대, 기둥, 지주 ; 극, 극지, 북극성	명	pole [poul] 포 울
58	은	언커버, 폭로하다, 적발하다, 밝히다, ~의 덮개를 벗기다	동	uncover [ʌnkʌ́vər] 언커버
59	가	가십, 잡담, 한담, 세상이야기 ; 잡담하다, 수군거리다	명	gossip [gάsip] 가 십
60	슴	섬뜩하게 하다, 두려워하게 하다, 흠칫 놀라게 하다	동	frighten [fráitn] 쁘라이든
61	가	가십, 잡담, 한담, 세상이야기 ; 잡담하다, 수군거리다	명	gossip [gάsip] 가 십
62	슴	섬뜩하게 하다, 두려워하게 하다, 흠칫 놀라게 하다	동	frighten [fráitn] 쁘라이든
63	마	마이그레이션, 이주, 이전, 이동, 옮겨가기	명	migration [maigréiʃən] 마이그레이션
64	다	다운스떼어즈, 아래층에, 아래층으로, 아래층에서	부	downstairs [dáun-stέərz] 다운스떼어즈
65	고	고우 바이, ~의 옆[앞]을 지나가다, 경과하다 ; in times gone by 지난 옛날에		go by 고우 바이

번호	첫말	뜻	품사	단어
66	운	운동, 체조, 연습, 실습, 훈련, 연습문제, 과제, 행사	명	**exercise** [éksərsàiz] 엑서사이즈
67	사	사잇, 시각, 시력, 목격, 조망, 광경, 풍경	명	**sight** [sait] 사 잇
68	랑	앙양하다, 향상시키다, 올리다, 들어 올리다, 소리 지르다	동	**uplift** [ʌplíft] 업리쁘트
69	모	모드스트, 마드스트, 겸손한, 조심성 있는, 삼가는, 알맞은	형	**modest** [mɔ́dist, mɑ-] 모디스트, 마드스트
70	아	아프레잇, 작동하다, 움직이다, 일하다, 작용하다, 수술하다	동	**operate** [ɑ́pərèit] 아퍼레잇
71	우	우둔한, 무딘, 둔한, 둔감한, 굼뜬, 활기 없는, 지루한	형	**dull** [dʌl] 덜
72	리	리쁘레쉬, 상쾌하게 하다, 기운 나게 하다, 새롭게 하다	동	**refresh** [rifréʃ] 리쁘레시
73	함	함-뻘, 하-암뻘, 해로운, 해가 되는	형	**harmful** [hɑ́ːrmfəl] 하-암뻘
74	깨	깨우다, 눈뜨게 하다, 각성시키다, 자각시키다	동	**awake** [əwéik] 어웨익
75	만	만어테리, 화폐의, 금전상의, 금융의, 재정상의	형	**monetary** [mɑ́nətèri] 마너테리
76	들	들애그, 드래그, 끌다, 질질 끌다, 끌어당기다	동	**drag** [dræg] 드래그

77	어	어텐션, 주의, 유의, 주의력, 배려	명	attention [ətén∫ən] 어텐션
78	봐	봐이스, 악덕, 악, 사악, 부도덕, 악덕행위, 결함, 결점, 약점	명	vice [vais] 바이스
79	요	요욱, 노른자위	명	yolk [jou/k] 요 욱
80	아	아켜파이, 차지하다, 점령하다, 점거하다, (시간을) 요하다	동	occupy [ákjəpài] 아켜파이
81	름	음산한, 황량한, 처량한, 울적한, 따분한, 지루한	형	dreary [dríəri] 드리리
82	다	다–크니스, 암흑, 검음, 불명료, 무지, 미개, 맹목	명	darkness [dá:rknis] 다–크니스
83	운	운하, 수로	명	canal [kənǽl] 커낼
84	세	세그먼트, 단편, 조각, 부분, 구획	명	segment [ségmənt] 세그먼트
85	상	상업의, 무역의, 통상의, 상업상의, 영리적인	형	commercial [kəmə́:r∫əl] 커머–셜

30 아름다운 세상 2절

1	혼	혼, 호-온, (소·양 등의) 뿔, 사슴뿔, 뿔피리, 경적	명	horn [hɔːrn] 호- 온
2	자	자이언트, 거인, 큰 사나이, 힘센 사람	명	giant [dʒáiənt] 자이언트
3	선	선버-언, 햇볕에 타다, 햇볕에 태우다 ; 볕에 탐	동	sunburn [sʌ́nbə̀ːrn] 선버-은
4	이	이로우즌, 부식, 침식, 침식 작용	명	erosion [iróuʒən] 이로우즌
5	룰	룰, 루-울, 규칙, 규정, 법칙, 지배 ; 다스리다, 통치하다	명	rule [ruːl] 루-울
6	수	수-퍼내처럴, 초자연적인, 불가사의한, 신의 조화의	형	supernatural [sùːpərnǽtʃərəl] 수-퍼내처럴
7	업	업플로-드, 박수갈채하다, 성원하다, 칭찬하다	동	applaud [əplɔ́ːd] 어플로-드
8	죠	죠-, 턱, 아래턱, 입 부분	명	jaw [dʒɔː] 죠-
9	세	세인, 제 정신의, (정신적으로) 온건한, 건전한, 분별 있는	형	sane [sein] 세 인
10	상	상세히, 자세하게, 세세하게, 세부에 걸쳐서		in detail 인 디테일

11	무	무관하다, ~와 전혀 관계가 없다		have nothing to do with ~ 해브 나띵 투 두 위드
12	엇	엇텐던스, 출석, 출근, 참석, 출석자(수), 시중, 간호	명	attendance [əténdəns] 어텐던스
13	도	도우, 가루반죽, 반죽 덩어리	명	dough [dou] 도 우
14	마	마-블, 대리석, 공깃돌, 공기놀이	명	marble [mάːrb-əl] 마- 블
15	주	주-얼리, 보석류, 장신구	명	jewelry [dʒúːəlri] 주-얼리
16	잡	잡아 찢다, 째다, 잡아 뜯다, 잡아채다	동	tear [tɛəːr] 테 어-
17	은	언어웨어, 눈치 채지 못하는, 알지 못하는, 모르는, 부주의한	형	unaware [ʌ̀nəwɛ́ər] 언어웨어
18	두	두-플리킷, 이중의, 중복의, 한 쌍의, 복사의	형	duplicate [djúːpləkit] 듀-플러킷
19	손	손들다, 항복하다, 굴복하다, 양보하다		give in 기브 인
20	으	어포인트, 지명하다, 임명하다, 명하다, 지시하다, 정하다, 지정하다	동	appoint [əpɔ́int] 어포인트
21	로	로맨스, 가공적인 이야기, 꿈 이야기, 연애 이야기, 연애	명	romance [roumǽns] 로맨스

번호	첫 글자	뜻	품사	단어
22	사	사일런틀리, 잠자코, 고요히, 조용히	부	silently [sáiləntli] 사일런틀리
23	랑	앙갚음, 보복, 복수, 분풀이, 원한 ; 원수를 갚다, 앙갚음하다	명	revenge [rivéndʒ] 리벤지
24	을	얼로운, 다만 홀로의, 혼자 힘으로 살아가는, 고독한 ; 홀로, 단독으로	형	alone [əlóun] 얼로운
25	키	키-인, 날카로운, 예리한, 예민한, 강렬한, 격렬한	형	keen [kiːn] 키-인
26	워	워-뜨, ~의 가치가 있는, ~할 만한 가치가 있는	형	worth [wəːrθ] 워- 뜨
27	요	요행히도, 운 좋게도, 다행스럽게도	부	luckily [lʌ́kili] 러킬리
28	함	함유하다, (속에) 담고 있다, 내포하다, 포함하다	동	contain [kəntéin] 컨테인
29	께	깨끗하게, 청결하게, 정하게, 아주, 완전히	부	cleanly [klíːnli] 클리-인리
30	있	있스뻬셜리, 특히, 각별히, 특별히	부	especially [ispéʃəli] 이스뻬셜리
31	기	기초, 토대, 기저, 기본원리, 원칙, 근거, 기준	명	basis [béisis] 베이시스
32	에	에브, 썰물, 간조, 쇠퇴(기), 감퇴	명	ebb [eb] 에브

33	아	**아-커텍쳐**, 건축술, 건축양식, 건조물, 구조, 설계	명	**architecture** [áːrkətèktʃər] 아-커텍쳐
34	름	**음료**, 마실 것	명	**beverage** [bévəridʒ] 베브리지
35	다	**다큐멘터리, 다커멘트리**, 문서의, 서류의, 증거의, 기록 자료가 되는	형	**documentary** [dàkjəméntəri] 다커멘트리
36	운	**운**, 우연, 운명, 숙명, 행운, 재산, 큰 재산	명	**fortune** [fɔ́ːrtʃ-ən] 뽀- 천
37	안	**안전한**, 위험이 없는, 안정된, 튼튼한, 확실한	형	**secure** [sikjúəːr] 시큐어-
38	개	**개럿**, 다락방(attic), 맨 위층	명	**garret** [gǽrət] 개 럿
39	꽃	**꽃가루**, 화분 ; 수분하다, 꽃가루받이하다	명	**pollen** [pálən / pɔ́l-] 팔런 / 폴런
40	처	**처클**, 낄낄 웃음, 미소 ; 낄낄 웃다, (혼자서) 기뻐하다	명	**chuckle** [tʃʌ́kl] 처 클
41	럼	**엄에지징, 어메이징**, 놀랄 정도의, 어처구니없는, 굉장한	형	**amazing** [əméiziŋ] 어메이징
42	서	**서들**, 미묘한, 포착하기 어려운, 난해한, 예민한	형	**subtle** [sʌ́tl] 서 들
43	로	**로울**, (배우의) 배역, 역할, 임무	명	**role** [roul] 로 울

번호	첫말	뜻	품사	단어
44	를	얼라이브, 살아있는, 생존해 있는, 생생하여, 활발하여	형	alive [əláiv] 얼라이브
45	곱	곱하다, 늘리다, 증가시키다, 번식시키다	동	multiply [mʌ́ltəplài] 멀터플라이
46	게	게스트, 손님, 객, 내빈, (방송 등의) 특별출연자,	명	guest [gest] 개스트
47	감	감복하다, 감탄하다, 칭찬하다, 경탄하다	동	admire [ædmáiər] 애드마이어
48	싸	싸다, 포장하다, 감싸다, 둘러싸다, 감다, 가리다	동	wrap [ræp] 랩
49	주	주식, 증권, 주, 저장, 축적, 줄기	명	stock [stɑk] 스 딱
50	어	어터, 전적인, 완전한, 철저한, 무조건의 ; 발음하다, 발언하다		utter [ʌ́tər] 어 터
51	요	요절내다, 망쳐놓다, 결딴내다, 못쓰게 만들다, 손상시키다	동	spoil [spɔil] 스뽀일
52	모	모-를, 죽을 수밖에 없는, 운명의, 인간의, 죽음의	형	mortal [mɔ́ːrtl] 모- 를
53	두	두-, 듀-, 지급 기일이 된, 만기가 된, ~할 예정인, 당연한, 마땅한	형	due [djuː] 듀-
54	여	여-닝, 그리워하는, 동경하는, 사모하는	형	yearning [jə́ːrniŋ] 여- 닝

No.		뜻	품사	단어
55	기	기브 어웨이, 남에게 주다, 양보하다		give away 기브 어웨이
56	모	모-를, 도덕(상)의, 윤리의, 정신적인, 마음의	형	moral [mɔ́(:)r-əl] 모 를
57	여	여-언, 그리워하다, 동경하다, 갈망하다, 사모하다	동	yearn [jəːrn] 여- 은
58	작	작중인물, 등장인물, 특성, 특질, 인격, 성격, 문자	명	character [kǽriktər] 캐릭터
59	은	언아-암드, 무기를 가지지 않은, 무장하지 않은, 맨손의	형	unarmed [ʌnáːrmd] 언아-암드
60	가	가느다란, 훌쭉한, 가냘픈, 날씬한, 빈약한, 적은	형	slender [sléndəːr] 슬렌더-
61	슴	섬머, 전성기, 절정, 한창때, 여름, 여름철	명	summer [sʌ́mər] 서 머
62	가	가십, 잡담, 한담, 세상이야기 ; 잡담하다, 수군거리다	명	gossip [gásip] 가 십
63	슴	섬뜩하게 하다, 두려워하게 하다, 흠칫 놀라게 하다	동	frighten [fráitn] 뽜라이든
64	마	마잇, 힘, 세력, 권력, 실력, 완력, 병력	명	might [mait] 마 잇
65	다	다일레에트, 팽창시키다, 넓히다, 상세히 설명하다	동	dilate [dailéit] 다일레잇

66	고	고우 바이, ~의 옆[앞]을 지나가다, 경과하다 ; in times gone by 지난 옛날에		go by 고우 바이
67	운	운동, 체조, 연습, 실습, 훈련, 연습문제, 과제, 행사	명	exercise [éksərsàiz] 엑서사이즈
68	사	사잇, 시각, 시력, 목격, 조망, 광경, 풍경	명	sight [sait] 시 잇
69	랑	앙양하다, 향상시키다, 올리다, 들어 올리다, 소리 지르다	동	uplift [ʌplíft] 업리쁘트
70	모	모드스트, 마드스트, 겸손한, 조심성 있는, 삼가는, 알맞은	형	modest [mɔ́dist, mɑ-] 모디스트, 마드스트
71	아	아프레잇, 작동하다, 움직이다, 일하다, 작용하다, 수술하다	동	operate [ápərèit] 아프레잇
72	우	우둔한, 무딘, 둔한, 둔감한, 굼뜬, 활기 없는, 지루한	형	dull [dʌl] 덜
73	리	리쁘레쉬, 상쾌하게 하다, 기운 나게 하다, 새롭게 하다	동	refresh [rifréʃ] 리쁘레시
74	함	함-뻘, 하-암뻘, 해로운, 해가 되는	형	harmful [há:rmfəl] 하-암뻘
75	께	깨우다, 눈뜨게 하다, 각성시키다, 자각시키다	동	awake [əwéik] 어웨익
76	만	만어테리, 마너테리, 화폐의, 금전상의, 금융의, 재정상의	형	monetary [mánətèri] 마너테리

77	들	들애그, 드래그, 끌다, 질질 끌다, 끌어당기다	동	drag [dræg] 드래그
78	어	어텐션, 주의, 유의, 주의력, 배려	명	attention [əténʃən] 어텐션
79	봐	봐이스, 악덕, 악, 사악, 부도덕, 악덕행위, 결함, 결점, 약점	명	vice [vais] 바이스
80	요	요욱, 노른자위	명	yolk [jou*l*k] 요 욱
81	아	아켜파이, 차지하다, 점령하다, 점거하다, (시간을) 요하다	동	occupy [ákjəpài] 아켜파이
82	름	음산한, 황량한, 처량한, 울적한, 따분한, 지루한	형	dreary [dríəri] 드리리
83	다	다-크니스, 암흑, 검음, 불명료, 무지, 미개, 맹목	명	darkness [dá:*r*knis] 다-크니스
84	운	운하, 수로	명	canal [kənǽl] 커 낼
85	세	세그먼트, 단편, 조각, 부분, 구획	명	segment [ségmənt] 세그먼트
86	상	상업의, 무역의, 통상의, 상업상의, 영리적인	형	commercial [kəmə́:*r*ʃəl] 커머-셜

31 흰 눈 사이로

No.		뜻	품사	단어
1	흰	흰지, 힌지, 돌쩌귀, 경첩, 이음매, 관절, 요체, 요점	명	hinge [hindʒ] 힌 지
2	눈	눈 먼, 장님의, 문맹의, 맹목적인, 분별없는	형	blind [blaind] 블라인드
3	사	사브린, 주권자, 원수, 군주, 지배자, 독립국	명	sovereign [sάv-ərin] 사브린
4	이	이밋, (빛 · 소리 등을) 내다, 발하다, 방출하다	동	emit [imít] 이 밋
5	로	로키, 라키, 암석이 많은, 바위로 된, 바위 같은, 튼튼한	형	rocky [rɔ́ki / rάki] 로키 / 라키
6	썰	썰레스철, 하늘의, 천체의, 천국의, 거룩한	형	celestial [səléstʃəl] 설레스철
7	매	매그너빠이, 확대하다, 크게 보이게 하다, 과장하다	동	magnify [mǽgnəfài] 매그너빠이
8	를	얼-, 어-얼, 백작	명	earl [əːrl] 어-얼
9	타	타픽, 화제, 토픽, 논제, 제목, 표제, 이야깃거리	명	topic [tάpik] 타 픽
10	고	고유한, 독특한, 특별한, 두드러진, 기묘한, 괴상한, 색다른	형	peculiar [pikjúːljər] 피큐-울러

11	달	(~의 무게를) 달다, 무게를 재다, 숙고하다, 고찰하다, 평가하다	동	**weigh** [wei] 웨 이
12	리	**리미트**, 한계, 한도, 극한, 경계, 범위, 구역	명	**limit** [límit] 리 밋
13	는	**언스삐–커블**, 이루 말할 수 없는, 말로 다할 수 없는	형	**unspeakable** [ʌnspí:kəbəl] 언스삐–커블
14	기	**기둥**, 원주, 지주, 칼럼, 난, 특별 기고란	명	**column** [kάləm] 칼 럼
15	분	**분량**, 양, 수량, 다량, 다수, 많음	명	**quantity** [kwάntəti] 콴터디
16	상	**상냥한**, 온화한, 점잖은, 친절한, 온순한, 부드러운	형	**gentle** [dʒéntl] 젠 틀
17	쾌	**쾌감**, 만족, 기쁨, 즐거움, 즐거운 일, 오락, 위안	명	**pleasure** [pléʒər] 플레저
18	도	**도–웨이**, 문간, 출입구, (~에 이르는) 관문, 길	명	**doorway** [dɔ́:rwèi] 도–웨이
19	하	**하늘거리다**, 흔들리다, 흔들흔들하다, 움직이다	동	**sway** [swei] 스웨이
20	다	**다이어그램**, 그림, 도형, 도표, 일람표, 도식	명	**diagram** [dáiəgræ̀m] 다이어그램
21	종	**종업원**, 고용인, 사용인	명	**employee** [implɔ́ii:] 임플로이–

22	이	이배퍼레잇, 증발하다, 자취를 감추다, 소실하다	동	evaporate [ivǽpərèit] 이배퍼레잇
23	울	울음, 눈물, 비애, 비탄 ; in tears 울면서 / 눈물을 흘리며	명	tear [tiəːr] 티 어-
24	려	여러 번, 종종, 자주, 때때로, 빈번히	부	frequently [fríːkwəntli] 쁘리퀀틀리
25	서	서-치, 찾다, 뒤지다, 탐색하다, 수색하다	동	search [səːrtʃ] 서- 치
26	장	장래, 장차, 미래, 장래성, 앞날	명	future [fjúːtʃəːr] 쀼- 처
27	단	단독으로, 혼자 힘으로, 저절로 ; The ship sank all by itself. 배가 저절로 가라앉았다.		by oneself 바이 완셀쁘
28	맞	맞지 않는, 올바르지 않는, 부정확한, 틀린	형	incorrect [ìnkərékt] 인커렉
29	추	추격하다, 쫓다, 추적하다, 쫓아버리다, 몰아내다	동	chase [tʃeis] 체이스
30	니	니더 A 노- B, A도 B도 아니다 ; Neither you nor I am to blame. 너도 나도 잘못이 없다		neither A nor B 니-더 A 노-
31	흥	흥정, 매매, 거래 ; 흥정하다, 매매 교섭을 하다, 약속을 하다	명	bargain [báːrgən] 바- 건
32	겨	겨우, 단지, 그저, 다만, 전혀	부	merely [míərli] 미얼리

33	워	워-스, 보다 나쁜, 더 나쁜, (병이) 악화된 ; 더 나쁘게, 보다 심하게	형	**worse** [wəːrs] 워- 스
34	서	서-븐트, 사용인, 고용인, 하인, 부하, 봉사자	명	**servant** [sə́ːrv-ənt] 서-븐트
35	소	소-, 높이 날다, 날아오르다, 급등하다, 치솟다	동	**soar** [sɔːr] 소-
36	리	리-슨트, 근래의, 최근의, 새로운, 현세의	형	**recent** [ríːs-ənt] 리-슨트
37	높	높여진, 높은, 숭고한, 고결한, 고상한, 쾌활한	형	**elevated** [éləvèitid] 엘러베이디드
38	여	여행, 관광여행, 유람여행, 짧은 여행, 소풍	명	**tour** [tuəːr] 투 어-
39	노	노우터빠이, 통지하다, ~에 공시하다, 통고하다, 알리다	동	**notify** [nóutəfài] 노우터빠이
40	래	래셔늘, 이성적인, 이성이 있는, 합리적인, 사리에 맞는	형	**rational** [rǽʃ-ənl] 래셔늘
41	부	부끄러워하는, 수줍어하는, 소심한, 조심성 많은	형	**shy** [ʃai] 샤 이
42	르	러-니드, 학문이 있는, 학식이 있는, 박식한, 학문적인	형	**learned** [ləːrnid] 러-니드
43	자	자스트, 올바른, 공정한 ; 정확히, 바로, 단지	부	**just** [dʒʌst] 저스트

44	종	종식시키다, 끝내다, 종료시키다		put an end to ~ 푸 던 엔드 투
45	소	소-쁜, 부드럽게 하다, 연하게 하다, 경감하다	동	soften [sɔ́(:)f-ən] 소 쁜
46	리	리사이트, 암송하다, 낭송하다, 열거하다	동	recite [risáit] 리사잇
47	울	울적한, 침울한, 우울한, 어둑어둑한, 음침한	형	gloomy [glúːmi] 글루-미
48	려	여행자, 여객, 여행에 익숙한 사람	명	traveler [trǽvləːr] 트래블러-
49	라	라이쁠, 소총, 라이플총, 선조총	명	rifle [ráif-əl] 라이쁠
50	종	종식시키다, 끝내다, 종료시키다		put an end to ~ 푸 던 엔드 투
51	소	소-쁜, 부드럽게 하다, 연하게 하다, 경감하다	동	soften [sɔ́(:)f-ən] 소 쁜
52	리	리사이트, 암송하다, 낭송하다, 열거하다	동	recite [risáit] 리사잇
53	울	울적한, 침울한, 우울한, 어둑어둑한, 음침한	형	gloomy [glúːmi] 글루-미
54	려	여행자, 여객, 여행에 익숙한 사람	명	traveler [trǽvləːr] 트래블러-

번호		뜻	품사	단어
55	우	우-, 구애하다, 구혼하다, 사랑을 호소하다, 조르다	동	woo [wuː] 우-
56	리	리-세스, 쉼, 휴식, 휴회, 휴가, 휴식시간	명	recess [ríːses] 리-세스
57	썰	썰다, 얇게 베다, 베어내다, 잘라내다, 나누다, 가르다	동	slice [slais] 슬라이스
58	매	매그닛, 자석, 자철, 마그넷	명	magnet [mǽgnit] 매그닛
59	빨	빨로우, ~을 좇다, 동행하다, 뒤쫓다, 따르다	동	follow [fálou] 빨로우
60	리	리드, 뚜껑, 눈꺼풀, 딱지	명	lid [lid] 리드
61	달	달라붙는, 끈적끈적한, 들러붙는, 점착성의, 귀찮은	형	sticky [stíki] 스띠키
62	려	여걸, 여장부, 여주인공	명	heroine [hérouin] 헤로우인
63	종	종식시키다, 끝내다, 종료시키다		put an end to ~ 푸 던 엔드 투
64	소	소-쁜, 부드럽게 하다, 연하게 하다, 경감하다	동	soften [sɔ́(ː)f-ən] 소 쁜
65	리	리사이트, 암송하다, 낭송하다, 열거하다	동	recite [risáit] 리사잇

번호	첫말	뜻	품사	단어
66	울	울적한, 침울한, 우울한, 어둑어둑한, 음침한	형	gloomy [glúːmi] 글루–미
67	려	여행자, 여객, 여행에 익숙한 사람	명	traveler [trǽvləːr] 트래블러–
68	라	라이뻘, 소총, 라이플총, 선조총	명	rifle [ráif-əl] 라이뻘
69	종	종식시키다, 끝내다, 종료시키다		put an end to ~ 푸 던 엔드 투
70	소	소–뻔, 부드럽게 하다, 연하게 하다, 경감하다	동	soften [sɔ́(ː)f-ən] 소 뻔
71	리	리사이트, 암송하다, 낭송하다, 열거하다	동	recite [risáit] 라사잇
72	울	울적한, 침울한, 우울한, 어둑어둑한, 음침한	형	gloomy [glúːmi] 글루–미
73	려	여행자, 여객, 여행에 익숙한 사람	명	traveler [trǽvləːr] 트래블러
74	라	라이뻘, 소총, 라이플총, 선조총	명	rifle [ráif-əl] 라이뻘
75	종	종식시키다, 끝내다, 종료시키다		put an end to ~ 푸 던 엔드 투
76	소	소–뻔, 부드럽게 하다, 연하게 하다, 경감하다	동	soften [sɔ́(ː)f-ən] 소 뻔

77	리	리사이트, 암송하다, 낭송하다, 열거하다	동	recite [risáit] 리사잇
78	울	울적한, 침울한, 우울한, 어둑어둑한, 음침한	형	gloomy [glúːmi] 글루-미
79	려	여행자, 여객, 여행에 익숙한 사람	명	traveler [trǽvləːr] 트래블러-
80	기	기껏해야, 많아도, 많아야		at most 앳 모우스트
81	쁜	뻔이, 뻐니, 익살맞은, 우스운, 괴상한, 재미있는, 기묘한, 별스러운	형	funny [fʌ́ni] 뻐 니
82	노	노우-하우, (방법에 대한) 실제적인 지식, 기술지식, 비결, 능력	명	know-how [nóu-hàu] 노우하우
83	래	래를, 덜걱덜걱 소리 나다, 덜걱거리다 ; 드르륵, 덜걱덜걱	동	rattle [rǽtl] 래 들
84	부	부쉬, 관목, 수풀, 덤불	명	bush [buʃ] 부 시
85	르	러스디, 녹슨, 녹이 난, 녹에서 생긴, 낡은, 구식의	형	rusty [rʌ́sti] 러스디
86	면	면목을 세우다, 체면을 세우다		save one's face 세이브 완즈 뻬이스
87	서	서밋, 정상, 꼭대기, 절정, 극치, 극점	명	summit [sʌ́mit] 서 밋

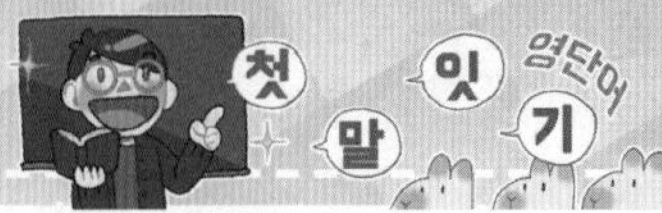

88	빨	빨로우어, 수행자, 수행원, 추종자, 신봉자, 추적자	명	follower [fálouəːr] 빨로우어-
89	리	리브럴, 자유주의의, 자유사상의, 진보적인, 대범한	형	liberal [líb-ərəl] 리브럴
90	달	달성하다, 성취하다, 실행하다, (의무 따위를) 다하다		carry out 캐리 아웃
91	리	리터러리, 문학의, 문필의, 문예의, 학문의	형	literary [lítərèri] 리터레리
92	자	자극하다, 활발하게 하다, 북돋우다, 격려하다, 고무하다	동	stimulate [stímjəlèit] 스띠멸레잇

32 하늘나라 동화

1	동	**동의하다**, 찬성하다, 승인하다, 허가하다, 동감하다 ; 동의, 허가, 승낙	동	**consent** [kənsént] 컨센트
2	산	**산성의**, 산성인, 신, 신맛의, 언짢은, 신랄한, 심술궂은	형	**acid** [æsid] 애시드
3	위	**위클리**, 매주의, 주1회의, 주간의 ; 매주	형	**weekly** [wí:kli] 위–클리
4	에	**에딧**, 편집을 하다, 교정보다, (원고를) 손질하다,	동	**edit** [édit] 에 딧
5	올	(말 따위에) **올라타다**, 타다, 걸터앉다, 오르다, 올라가다	동	**mount** [maunt] 마운트
6	라	**라이어블**, 책임을 져야 할, ~할 의무가 있는, 책임이 있는	형	**liable** [láiəb-əl] 라이어블
7	서	**서–먼**, 설교, 잔소리, 장광설	명	**sermon** [sə́:rmən] 서– 먼
8	파	**파티**, **파–리**, 일행, 패거리, 당, 당파, 모임, 회	명	**party** [pá:rti] 파– 디
9	란	**안정된**, 견고한, 영속적인, 견실한, 착실한	형	**stable** [stéibl] 스테이블
10	하	**하루살이의**, 일시적인, 순간적인, 덧없는, 무상한	형	**transient** [trǽnʃənt] 트랜션트

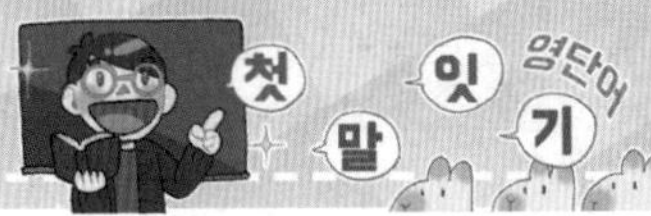

11	늘	늘이다, 펴다, 뻗치다, 잡아당기다, 늘어나다	동	stretch [stretʃ] 스뜨레치
12	바	바운들리스, 무한한, 끝없는	형	boundless [báundlis] 바운들리스
13	라	라이픈, 익다, 원숙하다, 곪다	동	ripen [ráip-ən] 라이픈
14	보	보-더-, 테두리, 가장자리, 경계, 국경, 변두리	명	border [bɔ́ːrdəːr] 보- 더-
15	며	며느리	명	daughter-in-law [dɔ́:tərinlɔ̀:] 도-더린로-
16	천	천성적인, 천부의, 타고난, 선천적인, 본질적인	형	innate [inéit] 인네잇
17	사	사기, 속임수, 계략 ; 속이다, 속여서 빼앗다	명	trick [trik] 트 릭
18	얼	얼라우드, 소리를 내어(읽다 따위), 큰 소리로, 분명히	부	aloud [əláud] 얼라우드
19	굴	굴욕, 모욕, 무례, 모욕행위 ; 모욕하다, 해치다	명	insult [ínsʌlt] 인설트
20	선	선라잇, 햇빛, 일광	명	sunlight [sʌ́nlàit] 선라잇
21	녀	여분의, 남아돌아가는, 예비의, 따로 남겨둔, 부족한, 빈약한	형	spare [spɛəːr] 스뻬어-

22	얼	얼랏먼트, 분배, 할당, 배당, 몫, 특별수당	명	allotment [əlátmənt] 얼랏먼트
23	굴	굴욕, 모욕, 무례, 모욕행위 ; 모욕하다, 해치다	명	insult [ínsʌlt] 인설트
24	마	마-진, 가장자리, 가, 변두리, 여백, 난외, 여유, 이문	명	margin [má:rdʒin] 마- 진
25	음	음모, 술책, 밀모(密謀), 밀통 ; 음모를 꾸미다, 밀통하다	명	intrigue [intrí:g] 인트리-그
26	속	속이다, 기만하다, 사기하다, 사취하다, 부정한 짓을 하다	동	cheat [tʃi:t] 치-잇
27	에	에이지드, 늙은, 나이 든, 오래된, 노화된, 노령 특유의	형	aged [éidʒid] 에이지드
28	그	그랜드, 웅대한, 광대한, 장대한, 당당한, 굉장한	형	grand [grænd] 그랜드
29	려	여왕, 여제, 왕비, 왕후	명	empress [émpris] 엠프리스
30	봄	봄, 샘, 샘물 ; 튀다, 도약하다, 솟아오르다, 생기다		spring [spriŋ] 스쁘링
31	니	니들리스, 필요 없는, 쓸데없는	형	needless [ní:dlis] 니-들리스
32	다	다이렉터리, 주소, 성명록, 인명부, 전화번호부	명	directory [dairéktəri] 다이렉트리

No.		뜻	품사	단어
33	하	하비, 취미, 도락, 장기	명	hobby [hábi / hɔ́bi] 하비 / 호비
34	늘	늘 그러하듯이, 평소처럼, 여느 때와 같이		as usual 애즈 유주얼
35	끝	끝내다, 마치다, 종결하다, 결론을 내리다, 말을 맺다	동	conclude [kənklúːd] 컨클루-드
36	까	까다로운, 복잡한, 번거로운, 알기 어려운	형	complicated [kámplikèitid] 캄플리케이디드
37	지	지역, 지방, 지대, 구역, 범위, 영역, 분야, 면적	명	area [ɛ́əriə] 에리어
38	올	올바른, 정직한, 공명정대한, 곧은, 일직선의	형	straight [streit] 스뜨레잇
39	라	라-크, 종다리, 종달새, 시인, 가수	명	lark [laːrk] 라-악
40	실	실러블, 음절, 한 마디, 일언반구	명	syllable [síləbbəl] 실러블
41	바	바이블, 성서, 성경	명	Bible [báibəl] 바이블
42	람	암이, 아미, 군대, 육군, 군, 대군	명	army [áːrmi] 아- 미
43	을	얼얼하다, 쑤시다, 따끔따끔 아프다, 얼얼하게 하다	동	tingle [tíŋg-əl] 팅 글

44	끌	(마음 따위를) **끌다**, 매혹시키다, 황홀케 하다	동	**fascinate** [fǽsənèit] 빠서네잇
45	어	**어텐드**, 출석하다, ~을 수반하다, 보살피다, 돌보다	동	**attend** [əténd] 어텐드
46	안	**안면의**, 얼굴의 ; facial expression (얼굴의) 표정	형	**facial** [féiʃəl] 뻬이셜
47	고	**고로**, 그러므로, 그런 까닭에, 따라서	부	**therefore** [ðέəːrfɔ̀ːr] 데어-뽀-
48	날	**날카로운**, 모난, 뾰족한, (날이) 잘 드는, 예리한	형	**sharp** [ʃɑːrp] 샤-프
49	개	**개짓**, 간단한 장치, 도구, 부속품, 묘안	명	**gadget** [gǽdʒit] 개 짓
50	달	**달리**, 다르게, 같지 않게, 그렇지 않게	부	**differently** [dífərəntli] 디뻐런들리
51	린	**린**, **리-인**, 기대다, 의지하다, 기울다, 구부러지다, 경사지다	동	**lean** [liːn] 리-인
52	천	**천성적인**, 천부의, 타고난, 선천적인, 본질적인	형	**innate** [inéit] 인에잇
53	사	**사기**, 속임수, 계략 ; 속이다, 속여서 빼앗다	명	**trick** [trik] 트 릭
54	들	**들에드뻘**, **드레드뻘**, 무서운, 두려운, 무시무시한, 아주 지독한	형	**dreadful** [drédfəl] 드레드뻘

55	과	**과태료**, 벌금, 위약금, 형벌, 처벌	명	**penalty** [pénəlti] 페널티
56	속	**속**, **삭**, 짧은 양말, 안창	명	**sock** [sɔk, sɑk] 속, 삭
57	삭	**삭제하다**, 지우다, 제거하다, 소거하다	동	**delete** [dilí:t] 딜리-잇
58	이	**이그지스트**, 존재하다, 실재하다, 현존하다, 생존하다, 존속하다	동	**exist** [igzíst] 이그지스트
59	고	**고대하다**, 기대하다, 기다리다, 예상하다, 바라다	동	**expect** [ikspékt] 익스펙트
60	싶	**싶**, 한 모금, 한 번 마심 ; 홀짝이다, (지식을) 흡수하다	명	**sip** [sip] 싶
61	어	**어댑트**, 적응시키다, 각색하다, 편곡하다, (환경 등에) 순응하다	동	**adapt** [ədǽpt] 어댑트
62	라	**아련한**, 어렴풋한, 막연한, 애매한, 희미한, 모호한	형	**vague** [veig] 베이그

33 푸른 잔디 1절

1	풀	풀다, 끄르다, 떼어놓다, 놓아주다, 늦추다, 느슨하게 하다	동	**loosen** [lúːsn] 루- 슨
2	냄	냄새, 향기, 향내, 후각, 육감	명	**scent** [sent] 센 트
3	새	새들, (자전거 따위의) 안장	명	**saddle** [sǽdl] 새 들
4	피	피어, 동료, 동등한 사람, 지위가 같은 사람 ; 자세히 보다, 응시하다	명	**peer** [piər] 피 어
5	어	어템프트, 시도하다, 꾀하다, 노리다 ; 시도, 기도, 습격	동	**attempt** [ətémpt] 어템트
6	나	나잇메-어, 악몽, 가위눌림, 악몽 같은 경험	명	**nightmare** [náitmὲəːr] 나잇메어-
7	는	언워-디, 가치 없는, 하잘 것 없는, 하찮은, 비열한	형	**unworthy** [ʌnwə́ːrði] 언워-디
8	잔	잔인한, 잔혹한, 무자비한, 참혹한, 비참한	형	**cruel** [krúːəl] 크루-얼
9	디	디베이트, 토론, 논쟁, 토의 ; 토론하다, 논의하다	명	**debate** [dibéit] 디베잇
10	에	에주케잇, 교육하다, 훈육하다, 육성하다, 학교에 보내다	동	**educate** [édʒukèit] 에주케잇

No.		뜻	품사	단어
11	누	누–므러스, 다수의, 수많은, 많은 사람의	형	numerous [njúːm-ərəs] 뉴–므러스
12	워	워–드, 말, 낱말, 한 마디 말	명	word [wəːrd] 워– 드
13	새	새크리빠이스, 희생, 산 제물 ; 희생하다, 단념하다, 포기하다	명	sacrifice [sǽkrəfàis] 새크러빠이스
14	파	파–슬, 꾸러미, 소포, 소화물 ; 꾸러미로 하다, 뭉뚱그리다	명	parcel [pάːrsəl] 파– 슬
15	란	안락한, 기분 좋은, 편한, 위안의, 고통이 없는	형	comfortable [kʌ́mfərtəbəl] 컴뻐터블
16	하	하녀, 가정부, 소녀, 아가씨, 미혼여성	명	maid [meid] 메이드
17	늘	늘, 보통, 일반적으로, 평소에는	부	usually [júːʒluəli] 유–주을리
18	가	가–니쉬, 장식, 장식물 ; 장식하다, 문식(文飾)하다	명	garnish [gάːrniʃ] 가–니시
19	힌	힌더, 힌더, 방해하다, 훼방하다, 지체케 하다, 늦게 하다	동	hinder [híndər] 힌 더
20	구	구조, 구성, 조립, 조직, 체계, 구조물, 건축물	명	structure [strʌ́ktʃəːr] 스뜨럭처–
21	름	음성의, 목소리의, 목소리를 내는, 울리는, 유성음의	형	vocal [vóukəl] 보우클

22	보	보이지, 항해, 항행, 긴 배 여행	명	voyage [vɔ́idʒ] 보이지
23	면	면밀한, 상세한, 정밀한, 세세한	형	detailed [dí:teild, ditéild] 디테일드, 디테일드
24	가	가-드너, 정원사, 원예가, 채소 재배하는 사람	명	gardener [gá:rdnər] 가-드너
25	슴	섬머라이즈, 요약하여 말하다, 요약하다, 개괄하다	동	summarize [sʌ́məràiz] 섬머라이즈
26	이	이디션, (초판·재판의) 판, 간행	명	edition [idíʃən] 이디션
27	저	저항하다, 격퇴하다, 방해하다, 참다	동	resist [rizíst] 리지스트
28	절	절망, 자포자기, 절망의 원인 ; 절망하다, 단념하다	명	despair [dispɛ́ər] 디스뻬어
29	로	로운, 빌려주다, 대부하다 ; 대부, 대여, 융자, 공채	동	loan [loun] 로 운
30	부	부-스트, 밀어 올리다, 격려하다, 후원하다, 증대시키다	동	boost [bu:st] 부-스트
31	풀	풀, 푸울, 물웅덩이, 괸 곳, 작은 못, 저수지	명	pool [pu:l] 푸- 울
32	어	어슈런스, 보증, 보장, 확신, 자신	명	assurance [əʃúərəns] 어슈런스

번호	첫 글자	뜻	품사	단어
33	올	올가미, 함정, 덫, 계략, 매복 ; 덫으로 잡다, 함정에 빠뜨리다	명	trap [træp] 트 랩
34	라	라이클리, 있음직한, 가능하다고 생각되는, ~할 것 같은	형	likely [láikli] 라이클리
35	즐	즐거운, 기분 좋은, (날씨가) 좋은, 호감이 가는, 상냥한, 쾌활한	형	pleasant [pléznt] 플레즌트
36	거	거쉬, 거시, 분출, 용솟음쳐 나옴, 내뿜음, 복받침	명	gush [gʌʃ] 거쉬, 거시
37	워	워-디, 훌륭한, 존경할 만한, 가치 있는, 유익한	형	worthy [wə́ːrði] 워- 디
38	즐	즐거운, 기분 좋은, (날씨가) 좋은, 호감이 가는, 상냥한, 쾌활한	형	pleasant [pléznt] 플레즌트
39	거	거쉬, 거시, 분출, 용솟음쳐 나옴, 내뿜음, 복받침	명	gush [gʌʃ] 거쉬, 거시
40	워	워-디, 훌륭한, 존경할 만한, 가치 있는, 유익한	형	worthy [wə́ːrði] 워- 디
41	노	노-, 나-, 갉다, 갉아먹다, 물어 끊다, 괴롭히다	동	gnaw [nɔː] 노-
42	래	래스클, 악당, 깡패, 장난꾸러기, 불량배	명	rascal [rǽskəl] 래스껄
43	불	불릿, 탄알, 권총탄, 소총탄	명	bullet [búlit] 불 릿

44	러	러기지, 수화물, 여행용 휴대품, 여행가방	명	**luggage** [lʌ́gidʒ] 러기지
45	요	요금, 부담, (치러야 될) 셈, 청구금액	명	**charge** [tʃɑːrdʒ] 차- 지

34 푸른 잔디 2절

1	우	우그러뜨리다, 눌러서 뭉개다, 짓밟다, 으깨다	동	crush [krʌʃ] 크러시
2	리	리-얼라이제이션, 사실로 깨달음, 이해, 실감, 실현, 현실화	명	realization [rìːəlaizéiʃ-ən] 리-얼라이제이션
3	들	들에인, 드레인, 배수하다, 방수하다, 배출하다, 다 써버리다	동	drain [drein] 드레인
4	노	노-믈, 정상의, 보통의, 표준적인, 전형적인, 정규의	형	normal [nɔ́ːrm-əl] 노- 믈
5	래	래피드, 빠른, 신속한, 재빠른, 민첩한, 서두르는	형	rapid [rǽpid] 래피드
6	소	소일, 흙, 토양, 토질, 땅 ; 더럽히다, 손상시키다	명	soil [sɔil] 소 일
7	리	리-뽀-옴, 개혁하다, 개정하다, 개량하다, 교정하다	동	reform [riːfɔ́ːrm] 리뽀-옴
8	하	하찮은 것[일], 소량, 약간, 조금 ; 가벼이 다루다, 소홀히 하다	명	trifle [tráif-əl] 트라이쁠
9	늘	늘어나는, 탄력성이 있는, 신축성이 있는, 유연한	형	elastic [ilǽstik] 일래스딕
10	에	에더블, 식용에 적합한, 식용의, 먹을 수 있는	형	edible [édəbəl] 에더블

번호	가사	뜻	품사	단어
11	퍼	퍼뽀-옴, 실행하다, 이행하다, 수행하다, 공연하다, 연기하다	동	perform [pərfɔ́:rm] 퍼뽀-옴
12	져	져지먼트, 재판, 심판, 판단, 판정	명	judgment [dʒʌ́dʒmənt] 져지먼트
13	흰	흰드런스, 힌드런스, 방해, 장애, 장애물, 방해자, 사고	명	hindrance [híndrəns] 힌드런스
14	구	구즈, 물건, 물품, 상품, 재산, 재화, 소유물	명	goods [gudz] 구 즈
15	름	음모, 계획, 책략, 줄거리, 각색, 구상	명	plot [plɑt / plɔt] 플랏 / 플롯
16	두	두드러진, 현저한, 인상적인, 멋있는, 치는, 공격하는	형	striking [stráikiŋ] 스뜨라이킹
17	둥	둥둥 떠 있는, 이동하는, 유동하는, 일정치 않은	형	floating [flóutiŋ] 쁠로우딩
18	실	실마리, 열쇠, 단서, 이야기의 줄거리, 길잡이	명	clue [klu:] 클루-
19	흘	흘리다, 피를 흘리다, 출혈하다, 큰돈을 지불하다	동	bleed [bli:d] 블리-드
20	러	러킬리, 운 좋게, 요행히	부	luckily [lʌ́kili] 러킬리
21	가	가-먼트, 의복(특히 긴 웃옷·외투 등), 옷, 의류	명	garment [gɑ́:rmənt] 가-먼트

번호	첫 글자	뜻	품사	영단어
22	면	면도칼, 전기면도기	명	razor [réizəːr] 레이저–
23	은	언더라잉, 밑에 있는, 기초가 되는, 근원적인	형	underlying [ʌ̀ndərláiiŋ] 언덜라잉
24	모	모이스트, 습기 있는, 축축한, 비가 많은, 감상적인	형	moist [mɔist] 모이스트
25	두	두엣, 듀엣, 이중창, 이중주(곡)	명	duet [djuét] 듀 엣
26	다	다이렉트, 지도하다, 감독하다, 지휘하다,	동	direct [dairékt] 다이렉트
27	일	일루–머네잇, 조명하다, 밝게 하다, 비추다, 계발하다	동	illuminate [ilúːmənèit] 일루–머네잇
28	어	어스타니쉬, 놀라게 하다, 깜짝 놀라게 하다	동	astonish [əstániʃ] 어스따니시
29	나	나잇 듀티, 야근, 숙직		night duty 나잇 듀디
30	손	손바닥 ; 야자, 종려, 야자과의 식물	명	palm [pɑːm] 파– 암
31	을	얼떨떨하게 하다, 당혹하게 하다, 당황하게 하다, 난처하게 하다	동	embarrass [imbǽrəs] 임배러스
32	흔	흔해빠진, 진부한, 평범한, 개성이 없는, 하잘 것 없는	형	commonplace [kámənplèis] 카먼플레이스
33	들	들여다보다, 슬쩍 엿보다 ; 들여다보기, 슬쩍 엿보기	동	peep [piːp] 피– 잎

No.		뜻	품사	단어
34	머	머튜어–, 익은, 성숙한, 잘 발육한, 심사숙고한, 신중한	형	mature [mətjúəːr] 머츄어–
35	즐	즐기다, (즐겁게) 맛보다, 재미보다, 누리다	동	enjoy [endʒɔ́i] 엔조이
36	거	거친, 거칠거칠한, 울퉁불퉁한, 험악한, 난폭한	형	rough [rʌf] 러쁘
37	워	워–리드, 난처한, 딱한, 걱정스러운, 근심스러운	형	worried [wə́ːrid, wʌ́rid] 워–리드, 와리드
38	즐	즐기다, (즐겁게) 맛보다, 재미보다, 누리다	동	enjoy [endʒɔ́i] 엔조이
39	거	거친, 거칠거칠한, 울퉁불퉁한, 험악한, 난폭한	형	rough [rʌf] 러쁘
40	워	워–리드, 난처한, 딱한, 걱정스러운, 근심스러운	형	worried [wə́ːrid, wʌ́rid] 워–리드, 와리드
41	노	노–, 나–, 갉다, 갉아먹다, 물어 끊다, 괴롭히다	동	gnaw [nɔː] 노–
42	래	래스클, 악당, 깡패, 장난꾸러기, 불량배	명	rascal [rǽskəl] 래스껄
43	불	불릿, 탄알, 권총탄, 소총탄	명	bullet [búlit] 불 릿
44	러	러기지, 수화물, 여행용 휴대품, 여행가방	명	luggage [lʌ́gidʒ] 러기지
45	요	요금, 부담, (치러야 될) 셈, 청구금액	명	charge [tʃɑːrdʒ] 차– 지

35 즐거운 나의 집

번호	첫 글자	뜻	품사	단어
1	즐	즐거움, 기쁨 ; 매우 기쁘게 하다, 즐겁게 하다	명	delight [diláit] 딜라잇
2	거	거꾸로		upside down 업사이드 다운
3	운	운용하다, 사용하다, (물건·수단 따위를) 쓰다, 고용하다	동	employ [emplɔ́i] 엠플로이
4	곳	곳, 장소, 지점, 현장, 반점, 점, 얼룩, 사마귀	명	spot [spɑt] 스 빳
5	에	에지, 끝머리, 테두리, 가장자리, 변두리, 경계, 날	명	edge [edʒ] 에 찌
6	서	서블라임, 장대한, 웅대한, 장엄한, 숭고한, 최고의, 탁월한	형	sublime [səbláim] 서블라임
7	는	언웰컴, 환영받지 못하는, 반기지 않은, 반갑지 않은, 달갑지 않은	형	unwelcome [ʌnwélkəm] 언웰컴
8	날	날랜, 빠른, 신속한, 순식간의, 즉석의, 즉각적인	형	swift [swift] 스위쁘트
9	오	오-거나이즈, 조직하다, 구성하다, 창립하다	동	organize [ɔ́:rgənàiz] 오-거나이즈
10	라	라이엇트, 폭동, 소동, 소요죄 ; 폭동을 일으키다	명	riot [ráiət] 라이엇

No.		뜻	품사	단어
11	하	**하찮은**, 쓸모없는, 소용없는, 무익한, 헛된	형	**useless** [júːslis] 유-슬리스
12	여	**여럿의**, 몇몇의, 몇 개의, 몇 사람의, 각각의, 각기의	형	**several** [sév-ərəl] 세브럴
13	도	**도메스터케이트**, 길들이다, 교화하다, 순화하다	동	**domesticate** [doumléstəkèit] 도메스떠케잇
14	내	**내처럼**, 자연의, 자연계의, 천연의, 타고난, 천부의, 당연한	형	**natural** [nætʃərəl] 내츠럴
15	쉴	**쉴-드, 쉬-일드**, 방패, 보호물, 방어물, 보호, 보장	명	**shield** [ʃiːld] 쉬-일드
16	곳	**곳간**, 창고, 저장소, 큰 가게	명	**warehouse** [wɛ́əːrhàus] 웨어-하우스
17	은	**언더테익**, 떠맡다, ~의 책임을 지다, 보증하다, 착수하다	동	**undertake** [ʌ̀ndərtéik] 언더테익
18	작	**작가**, 저자, 저술가, 저작물, 작품, 창조자, 창시자	명	**author** [ɔ́ːθər] 오-더
19	은	**언더 리페어**, 보수중인, 수선중인 ; The road is under repair. 그 도로는 보수 중이다.		**under repair** 언더 리페어
20	집	**집중하다**, 집결시키다, 농축하다, 응집하다	동	**concentrate** [kánsəntrèit] 칸슨트레잇
21	내	**내레이러**, 이야기하는 사람, 해설자, 나레이터	명	**narrator** [næréitər] 내레이러

번호	첫말	뜻	품사	단어
22	집	집단, 모임, 일단, 다량, 다수, 많음, 덩어리, 일반 대중, 부피	명	mass [mæs] 매 스
23	뿐	퓨-느럴, 장례식, 장례 ; 장례의, 장례식용의	명	funeral [fjú:n-ərəl] 퓨-느럴
24	이	이매저네리, 상상의, 가상의, 허수의	형	imaginary [imǽdʒənèri] 이매저네리
25	리	리어-, 기르다, 사육하다, 재배하다, 육성하다	동	rear [riə:r] 리 어-
26	내	내처럴리, 자연히, 자연의 힘으로, 있는 그대로, 꾸밈없이, 당연히	부	naturally [nǽtʃərəli] 내츠럴리
27	나	나약한, 무력한, 연약한, 박약한, 둔한, 불충분한	형	weak [wi:k] 위-익
28	라	라잇 오어 롱, 좋건 나쁘건, 옳든 그르든		right or wrong 라잇 오- 로-옹
29	내	내레잇, 말하다, 이야기하다, 서술하다,	동	narrate [næréit] 내레잇
30	기	기관, 기관지	명	organ [ɔ́:rgən] 오- 건
31	뻠	뻠-리, 뻐-엄리, 굳게, 단단히, 견고하게, 단호하게	부	firmly [fə́:rmli] 뻐-음리
32	길	길, 통로, 항로, 통행, 통과, 경과, 추이, 변천, 수송	명	passage [pǽsidʒ] 패시지

33	이	이–즐리, 용이하게, 쉽사리, 안락하게, 편하게, 한가롭게	부	easily [í:zəli] 이–절리
34	쉴	쉴–드, 쉬–일드, 방패, 보호물, 방어물, 보호, 보장	명	shield [ʃi:ld] 쉬–일드
35	곳	곳곳에, 여기저기		place to place 플레이스 터 플레이스
36	도	도메스틱, 가정의, 가사상의, 사육되어 길든, 국내의, 자국의, 국산의	형	domestic [douméstik] 도메스딕
37	꽃	꽃눈, 꽃망울, 싹, 눈, 봉오리	명	bud [bʌd] 버 드
38	피	피–서뻴, 평화로운, 태평한, 평화적인, 평온한	형	peaceful [pí:sfəl] 피–스뻘
39	고	고사하다, 시들다, 말라죽다, 쇠퇴하다, 쇠약해지다	동	wither [wíðə:r] 위 더–
40	새	새들라잇, 위성, 인공위성	명	satellite [sǽt-əlàit] 새들라잇
41	우	우기다, 주장하다, 고집하다, 단언하다, 강조하다	동	insist [insíst] 인시스트
42	는	언스낄드, 숙련되지 않은, 숙달되지 않은, 미숙한, 서투른	형	unskilled [ʌnskíld] 언스낄드
43	집	집중하다, 집결시키다, 농축하다, 응집하다, 주의를 집중하다	동	concentrate [kάnsəntrèit] 칸슨트레잇

번호	글자	뜻	품사	단어
44	내	내레이러, 이야기하는 사람, 해설자, 나레이터	명	narrator [næréitər] 내레이러
45	집	집단, 모임, 일단, 다량, 다수, 많음, 덩어리, 일반 대중, 부피	명	mass [mæs] 매 스
46	뿐	쀼-느럴, 장례식, 장례 ; 장례의, 장례식용의	명	funeral [fjú:n-ərəl] 쀼-느럴
47	이	이매저네리, 상상의, 가상의, 허수의	형	imaginary [imǽdʒənèri] 이매저네리
48	리	리어-, 기르다, 사육하다, 재배하다, 육성하다	동	rear [riə:r] 리 어-
49	오	오리진, 오-러진, 기원, 발단, 원천, 유래, 원인, 태생	명	origin [ɔ́:rədʒin] 오-러진
50	사	사우어, 시큼한, 신, 시어진, 불쾌한, 꽤 까다로운	형	sour [sáuə:r] 사우어-
51	랑	앙증스러운, 아주 작은, 조그마한	형	tiny [táini] 타이니
52	나	나머네이트, 지명하다, 지명 추천하다, 임명하다	동	nominate [námənèit] 나머네잇
53	의	의식하고 있는, 알고 있는, 의식적인, 지각 있는	형	conscious [kánʃəs] 칸셔스
54	집	집중적인, 강한, 격렬한, 철저한, 집약적인	형	intensive [inténsiv] 인텐시브

55	즐	즐거운, 기분 좋은, 기운찬, 마음을 밝게 하는	형	**cheerful** [tʃíərfəl] 치어뻘
56	거	거-드, 허리를 졸라매다, 허리띠로 조르다, 매다, 띠다	동	**gird** [gəːrd] 거- 드
57	운	운반하다, 수송하다 ; 수송, 운송, 수송기	동	**transport** [trænspɔ́ːrt] 트랜스뽀-트
58	나	나누기, 분할, 분배, 배당, 나눗셈, 구분, 부분	명	**division** [divíʒən] 디비즌
59	의	의미심장한, 의미 깊은, 뜻 있는, 중대한, 중요한	형	**significant** [signífikənt] 시그니삐컨트
60	벗	벗, 단지, 다만, 그저 ~에 지나지 않는 ; He is but a child. 그는 그저 어린애에 불과하다.	부	**but** [bʌt] 벗
61	내	내레이러, 이야기하는 사람, 해설자, 나레이터	명	**narrator** [næréitər] 내레이러
62	집	집단, 모임, 일단, 다량, 다수, 많음, 덩어리, 일반 대중, 부피	명	**mass** [mæs] 매 스
63	뿐	쀼-느럴, 장례식, 장례 ; 장례의, 장례식용의	명	**funeral** [fjúːn-ərəl] 쀼-느럴
64	이	이매저네리, 상상의, 가상의, 허수의	형	**imaginary** [imædʒənèri] 이매저네리
65	리	리어-, 기르다, 사육하다, 재배하다, 육성하다	동	**rear** [riəːr] 리 어-

36 초록바다

1	초	초청하다, 초대하다, 초래하다, 청하다, 요청하다	동	invite [inváit] 인바잇
2	록	록, 락, 바위, 암석, 암반, 암벽	명	rock [rɔk, rɑk] 록, 락
3	빛	빛나는, 광채 나는, 화창한, 맑은, 밝은, 투명한, 명백한	형	bright [brait] 브라잇
4	바	바이알러지, 생물학, 생태학, 생태	명	biology [baiɑ́lədʒi] 바이알러지
5	닷	닷, 점, 작은 점 ; ~에 점을 찍다, 점점으로 표시하다	명	dot [dɑt / dɔt] 닷 / 돗
6	물	물자, 일용품, 필수품, 상품	명	commodity [kəmɑ́dəti] 커마더디
7	에	에인션트, 옛날의, 고대의, 예로부터의, 고래의	형	ancient [éinʃənt] 에인션트
8	두	두 위다웃, ~없이 때우다, ~없이 지내다		do without 두 위다웃
9	손	손잡이, 자루, 쥘 손, 여행용 손가방, 이해력, 파악력	명	grip [grip] 그립
10	을	얼루–즌, 암시, 변죽울림, 빗댐, 언급	명	allusion [əlú:ʒən] 얼루–즌

No.		뜻	품사	단어
11	담	담당하는, 책임 있는, 책임을 져야 할, 원인이 되는	형	**responsible** [rispánsəb-əl] 리스빤서블
12	그	그레이즈, 풀을 뜯어 먹(게 하)다, 방목하다	동	**graze** [greiz] 그레이즈
13	면	면박하다, 비난하다, 나무라다, 꾸짖다	동	**reproach** [ripróutʃ] 리프로우치
14	초	초청하다, 초대하다, 초래하다, 청하다, 요청하다	동	**invite** [inváit] 인바잇
15	록	록, 락, 바위, 암석, 암반, 암벽	명	**rock** [rɔk, rɑk] 록, 락
16	빛	빛나는, 광채 나는, 화창한, 맑은, 밝은, 투명한, 명백한	형	**bright** [brait] 브라잇
17	바	바이알러지, 생물학, 생태학, 생태	명	**biology** [baiálədʒi] 바이알러지
18	닷	닷, 점, 작은 점 ; ~에 점을 찍다, 점점으로 표시하다	명	**dot** [dɑt / dɔt] 닷 / 돗
19	물	물자, 일용품, 필수품, 상품	명	**commodity** [kəmádəti] 커마더디
20	에	에인션트, 옛날의, 고대의, 예로부터의, 고래의	형	**ancient** [éinʃənt] 에인션트
21	두	두 위다웃, ~없이 때우다, ~없이 지내다		**do without** 두 위다웃

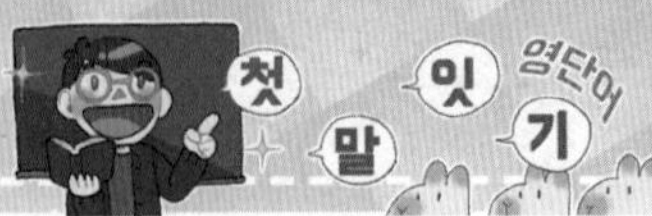

번호	첫말	뜻	품사	단어
22	손	손잡이, 자루, 쥘 손, 여행용 손가방	명	**grip** [grip] 그 립
23	을	얼루-즌, 암시, 변죽울림, 빗댐, 언급	명	**allusion** [əlúːʒən] 얼루-즌
24	담	담당하는, 책임 있는, 책임을 져야 할, 원인이 되는	형	**responsible** [rispánsəb-əl] 리스빤서블
25	그	그레이즈, 풀을 뜯어 먹(게 하)다, 방목하다	동	**graze** [greiz] 그레이즈
26	면	면박하다, 비난하다, 나무라다, 꾸짖다	동	**reproach** [riproutʃ] 리프로우치
27	파	파-티서페잇, 참가하다, 관여하다, 관계하다	동	**participate** [paːrtísəpèit] 파-디서 페잇
28	란	안절부절 하는, 침착하지 못한, 들떠있는	형	**restless** [réstlis] 레스뜰리스
29	하	하우에버, 하지만, 그렇지만, 그러나	부	**however** [hau-évər] 하우에버
30	늘	늘 똑같은, 변치 않는, 일정한, 항구적인, 부단한, 부동의, 성실한	형	**constant** [kánstənt] 칸스뜬트
31	빛	빛깔, 색조, 색상, (의견·태도 따위의) 경향, 특색, 안색, 모양	명	**hue** [hjuː] 휴-
32	물	물질의, 물질에 관한, 구체적인, 중요한, 필수의 ; 재료, 자료	형	**material** [mətí-əriəl] 머티리얼

33	이	이미-디엇, 직접의, 바로 이웃의, 곧 일어나는, 즉석의, 즉시의	형	immediate [imíːdiit] 이미-디잇
34	되	되스퍼릿, 데스퍼릿, 자포자기의, 무모한, 필사적인, 혈안이 된	형	desperate [déspərit] 데스프릿
35	지	지원자, 지망자, 후보자	명	candidate [kǽndidèit] 캔디데잇
36	요	요구하다, 청구하다, 주장하다, (권리·사실의) 승인을 요구하다	동	claim [kleim] 클레임
37	어	어태치, 붙이다, 달다, 바르다, 들러붙다, 부착하다	동	attach [ətǽtʃ] 어태치
38	여	여행, 출장여행, 소풍, 유람, 출장, (용건·일 따위로) 찾아감,	명	trip [trip] 트립
39	뻔	뻔드, 자금, 기금, 기본금 ; 투자하다	명	fund [fʌnd] 뻔드
40	초	초청하다, 초대하다, 권유하다, 청하다, 요청하다	동	invite [inváit] 인바잇
41	록	록, 락, 바위, 암석, 암반, 암벽	명	rock [rɔk, rɑk] 록, 락
42	빛	빛나는, 광채 나는, 화창한, 맑은, 밝은, 투명한, 명백한	형	bright [brait] 브라잇
43	손	손뼉을 치다, 박수갈채하다, 찰싹 때리다	동	clap [klæp] 클랩

번호	첫 글자	뜻	품사	단어
44	이	이삐션시, 능률, 능력, 유능, 유효성, 효율	명	efficiency [ifíʃənsi] 이삐션시
45	되	되스퍼릿, 데스퍼릿, 자포자기의, 무모한, 필사적인, 혈안이 된	형	desperate [déspərit] 대스뻐릿
46	지	지원자, 지망자, 후보자	명	candidate [kǽndidèit] 캔디데잇
47	요	요구하다, 청구하다, 주장하다, (권리·사실의) 승인을 요구하다	동	claim [kleim] 클레임
48	초	초청하다, 초대하다, 권유하다, 청하다, 요청하다	동	invite [inváit] 인바잇
49	록	록, 락, 바위, 암석, 암반, 암벽	명	rock [rɔk, rɑk] 록, 락
50	빛	빛나는, 광채 나는, 화창한, 맑은, 밝은, 투명한, 명백한	형	bright [brait] 브라잇
51	여	여건, 조건, 필요조건, 주위의 상황, 형세, 사정	명	condition [kəndíʃən] 컨디션
52	울	울부짖다, 소리 내어 울다, 비탄하다, (바람이) 구슬픈 소리를 내다	동	wail [weil] 웨 일
53	물	(손해 따위를) 물어주다, 보상하다, 변제하다, 보충하다		make good 메익 굿
54	에	에스코-트, 호송자, 호위자, 호위부대, 호위	명	escort [eskɔ́ːrt] 에스꼬-트

No.		뜻	품사	단어
55	두	두 완즈 베스트, 최선을 다하다		do one's best 두 완즈 베스트
56	발	발런테리, 자발적인, 지원의, 임의의, 자진의	형	voluntary [vάləntèri] 발런테리
57	을	얼른, 바삐, 성급히, 조급히, 신속히, 서둘러서	부	hastily [héistili] 헤이스들리
58	담	담력 있는, 용기 있는, 씩씩한	형	courageous [kəréidʒəs] 커레이져스
59	그	그레주에잇, 졸업하다, 학위를 받다 ; (대학) 졸업자, 대학원 학생	동	graduate [grǽdʒuèit] 그래주에잇
60	면	면도하다, 깎다, 깎아내다, 수염을 깎다 ; 면도하기	동	shave [ʃeiv] 쉐이브
61	물	물기, 습기, 수분, 엉긴 물방울	명	moisture [mɔ́istʃər] 모이스처
62	결	결과, 결말, 성과, 성적 ; 결과로서 일어나다, 생기다	명	result [rizʌ́lt] 리절트
63	이	이고우이즘, 이기주의, 자기 본위, 자기중심적인 성향	명	egoism [íːgouìzəm] 이-고우이즘
64	사	사브, 흐느껴 울다, 흐느끼다, 목메어 울다	동	sob [sɑb] 삽
65	알	알-터, 아-알터, 바꾸다, 변경하다, 개조하다, 고쳐 짓다, 변하다	동	alter [ɔ́ːltər] 아-알터

66	랑	앙갚음하다, 복수하다, 보복하다, 원수를 갚다	동	**avenge** [əvéndʒ] 어벤지
67	어	어벡트, ~에게 영향을 주다, ~에게 악영향을 미치다, 침범하다	동	**affect** [əfékt] 어뻭트
68	루	루-틴, 판에 박힌 일, 일상의 과정 ; 일상의, 판에 박힌	명	**routine** [ruːtíːn] 루-티-인
69	만	만어크, 마너크, 군주, 주권자, 제왕, 최고 지배자	명	**monarch** [mánərk] 마너크
70	져	져글, 요술을 부리다, 곡예를 하다	동	**juggle** [dʒʌ́gəl] 정 글
71	요	요인, 인자, 요소, 인수, 약수	명	**factor** [fǽktər] 빽 터

37 아빠의 얼굴

1	어	어택, 공격하다, 습격하다, 비난하다, 침범하다	동	attack [ətǽk] 어 택
2	젯	젯, 분출, 사출, 분사, 분출구	명	jet [dʒet] 젯
3	밤	밤바-드, 포격하다, 폭격하다, 공격하다, 몰아세우다	동	bombard [bɑmbɑ́ːrd] 밤바-드
4	꿈	꿈, 잠, 희망 ; 꿈꾸다, 꿈에 보다, 몽상하다	명	dream [driːm] 드리-임
5	속	(~에) 속하다, (~의) 것이다, ~의 소유이다 ; That belongs to me. 그것은 내 것이다.	동	belong [bilɔ́(ː)ŋ] 빌로옹
6	에	에픽, 서사시, 사시(史詩), (영화·소설 등의) 대작	명	epic [épik] 에 픽
7	나	나태한, 게으른, 나른한, 졸음이 오는, 느린, 굼뜬	형	lazy [léizi] 레이지
8	는	언세틀드, 변하기 쉬운, 일정치 않은, 동요하는, 미결재의, 미정의	형	unsettled [ʌnsétld] 언세틀드
9	나	나태한, 게으른, 나른한, 졸음이 오는, 느린, 굼뜬	형	lazy [léizi] 레이지
10	는	언세틀드, 변하기 쉬운, 일정치 않은, 동요하는, 미결재의, 미정의	형	unsettled [ʌnsétld] 언세틀드

번호	첫 글자	뜻	품사	단어
11	날	날-드, 나-알드, 마디, 혹 ; 마디를 만들다, 비틀다	명	gnarl [nɑːrl] 나- 알
12	개	개탄하다, 한탄하다, 슬퍼하다, 비탄하다, 애도하다	동	lament [ləmént] 러멘트
13	달	달래다, 진정시키다, 가라앉히다, 안정시키다	동	calm [kɑːm] 카- 암
14	고	고우 어브로드, 외국으로 가다, 해외로 가다		go abroad 고우 어브로드
15	구	구드니스, 친절, 우애, 미덕, 자애	명	goodness [gúdnis] 구드니스
16	름	음질, 음색, 음조, 울림, 어조, 말씨, 색조, 기풍	명	tone [toun] 토 운
17	보	보밋, 토하다, 게우다, 뿜어내다, 분출하다, 발사하다	동	vomit [vɔ́mit] 보 밋
18	다	다이제스트, 소화하다, 삭이다, 요약하다, 이해하다	동	digest [daidʒést] 다이제스트
19	더	더-트, 진흙, 먼지, 쓰레기, 오물, 불결물	명	dirt [dəːrt] 더- 트
20	높	높은 가격의, 값이 비싼, 비용이 많이 드는, 희생이 큰	형	costly [kɔ́ːstli] 코-스틀리
21	이	이-븐, 평평한, 평탄한, 반반한, 수평의, 짝수의	형	even [íːvən] 이- 븐

22	올	올라가다, 등반하다, 기어오르다 ; 등반, 기어오름	동	climb [klaim] 클라임
23	라	라이슨스, 면허, 인가, 관허, 특허, 허가증, 인가증	명	license [láis-əns] 라이슨스
24	올	올라가다, 등반하다, 기어오르다 ; 등반, 기어오름	동	climb [klaim] 클라임
25	라	라이슨스, 면허, 인가, 관허, 특허, 허가증, 인가증	명	license [láis-əns] 라이슨스
26	갓	갔빠-더, 갓빠-더, 대부, 후원 육성자	명	godfather [gádfὰ:ðər] 갓빠-더
27	지	지-어메테릭, 기하학의, 기하학적 도형의	형	geometric [dʒì:əmétrik] 자-어메트릭
28	요	요금, 운임, 찻삯, 뱃삯, 통행료	명	fare [fɛər] 뻬 어
29	무	무모한, 무분별한, 분별없는, 개의치 않는	형	reckless [réklis] 렉클리스
30	지	지-알러지, 지질학	명	geology [dʒi:álədʒi] 지-알러지
31	개	개블, 재잘거리다, 종알거리다, 빨리 지껄이다	동	gabble [gǽbəl] 개 블
32	동	동결된, 언, 냉동된, 결빙된, 차가운, 냉혹한	형	frozen [fróuz-ən] 쁘로우즌

번호	첫글자	뜻	품사	영단어
33	산	산만, 무질서, 어지러움, 혼란 ; 어지럽히다, 혼란시키다	명	disorder [disɔ́ːrdər] 디소-더
34	에	에퍼데믹, 유행병, 전염병, 유행 ; 유행성의, 유행하고 있는	명	epidemic [èpədémik] 에퍼데믹
35	서	서-전, 외과의사	명	surgeon [sə́ːrdʒən] 서- 전
36	놀	놀리다, 비웃다, 조소하다, 조롱하다	동	ridicule [rídikjùːl] 리디큐-울
37	고	고우 빠, 크게 도움이 되다, 성공하다, 유명해지다		go far = go a good way
38	있	있센셜리, 본질적으로, 본질상, 본래	부	essentially [isénʃəli] 이센셜리
39	을	얼씬거리다, 귀찮게 달라붙다, 주변을 돌아다니다,		hang around 행 어라운드
40	때	때, 더럼, 오점, 얼룩 ; 때 묻히다, 더럽히다, 더러워지다	명	stain [stein] 스떼인
41	이	이렉트, 똑바로 선, 직립의 ; 세우다, 똑바로 세우다	형	erect [irékt] 이렉트
42	리	리듀-스, 줄이다, 축소하다, 떨어뜨리다, 진압하다	동	reduce [ridjúːs] 리듀-스
43	저	저작권, 판권; 판권을 갖고 있는, 저작권을 갖고 있는	명	copyright [kápi-ràit] 카피라잇

번호	음절	뜻	품사	단어
44	리	리즈너블, 분별 있는, 사리를 아는, 이치에 맞는, 온당한	형	**reasonable** [rí:z-ənəb-əl] 리즈너블
45	나	나무라다, 비난하다, ~의 책임으로 돌리다	동	**blame** [bleim] 블레임
46	를	얼라-암, 경보, 비상 신호, 놀람, 공포, 불안	명	**alarm** [zəlá:rm] 얼라-암
47	찾	찾트, 차-트, 도표, 그림, 해도, 수로도, 월간·주간 순위표	명	**chart** [tʃɑ:rt] 차- 트
48	는	언네서세리, 불필요한, 쓸데없는, 무용의, 무익한	형	**unnecessary** [ʌnnésəsèri] 언네서세리
49	아	아이설레잇, 고립시키다, 분리하다, 격리하다	동	**isolate** [áisəlèit] 아이설레잇
50	빠	빠울, 더러운, 불결한, 냄새 나는, 부정한, 반칙적인	형	**foul** [faul] 빠 울
51	의	의복, 의류, 피복, 덮개	명	**clothing** [klóuðiŋ] 클로우딩
52	얼	얼-아웃, 전력을 다한, 철저한, 완전한, 전면적인 ; go all-out 전속력으로 가다	형	**all-out** [ɔ́:láut] 얼-라웃
53	굴	굴레, 속박, 굴종, 감금, 농노[노예]의 신분	명	**bondage** [bándidʒ] 반디지
54	푸	푸짐한, 풍성한, 많은, 풍부한, 충분한, 윤택한	형	**plentiful** [pléntifəl] 플렌티뻘

55	른	언베일, 베일을 벗(기)다, 밝히다, 정체를 드러내다, 털어놓다	동	unveil [ʌnvéil] 언베일
56	들	들, 들판, 벌판, 논, 밭, 목초지, 경기장, 분야, 활동범위		field [fiːld] 삐–일드
57	벌	벌브, 뿌리, 구근, 구, 전구	명	bulb [bʌlb] 벌 브
58	판	판판한, 평탄한, 평평한, 부드러운, 순조로운	형	smooth [smuːð] 스무–드
59	에	에코우, 메아리, 반향, 반사파, 흉내 ; 메아리치게 하다, 반향하다	명	echo [ékou] 에코우
60	나	나블, 노블, 소설, 소설문학	명	novel [nάv-əl] 나 블
61	는	언와인드, 풀다, 풀리다	동	unwind [ʌnwáind] 언와인드
62	나	나블, 노블, 소설, 소설문학	명	novel [nάv-əl] 나 블
63	는	언와인드, 풀다, 풀리다	동	unwind [ʌnwáind] 언와인드
64	말	말참견하다, 간섭하다, 훼방 놓다, 방해하다	동	interfere [ìntərfíər] 인터삐어
65	을	얼로–옹사이드, 나란히, ~의 곁에, ~의 옆에	부	alongside [əlɔ́ːŋsáid] 얼로–옹사이드

번호		뜻	품사	단어
66	타	타이드, 조수, 조류, 흥망 ; 밀물처럼 밀어닥치다	명	tide [taid] 타이드
67	고	고우 위다웃, ~이 없다, ~을 갖지 않다, ~없이 때우다[지내다]		go without ~ 고우 위다웃
68	바	바이아그러삐, 전기, 일대기, 전기문학	명	biography [baiάgrəfi] 바이아그러삐
69	람	암드, 아-암드, 무장한	형	armed [ɑːrmd] 아-암드
70	보	보울, 사발, 공기, 한 그릇, 큰 (술)잔	명	bowl [boul] 보 울
71	다	다이렉션, 지도, 지휘, 감독, 명령, 방향, 방위, 방면	명	direction [dairékʃən] 다이렉션
72	더	더스티, 먼지투성이의, 먼지 많은	형	dusty [dʌ́sti] 더스디
73	빨	빨대, 짚, 밀짚, 밀짚모자, 하찮은 물건	명	straw [strɔː] 스뜨로-
74	리	리트럴, 문자의, 문자로 표현된, 글자 그대로의	형	literal [lítərəl] 리드럴
75	달	달성하다, (일·목적 등을) 이루다, 성취하다, 완수하다	동	achieve [ətʃíːv] 어취-브
76	려	여기다, 간주하다, 고려하다, 숙고하다, 고찰하다	동	consider [kənsídər] 컨시더

77	갓	갓마더, 대모, 여성 후견인	명	godmother [gád-mʌ̀ðər] 갓마더
78	지	지-아그러삐, 지리, 지세, 지형, 지리학	명	geography [ʤiːágrəfi] 지-아그러삐
79	요	요점, 요지, 포인트, 목적, 취지, 의미	명	point [pɔint] 포인트
80	어	어테인, 이르다, 도달하다, 달성하다, ~에 달하다	동	attain [ətéin] 어테인
81	린	린스, 헹구다, 가시다, 씻어내다 ; 헹구기, 가시기	동	rinse [rins] 린 스
82	이	이모우션, 감동, 감격, 흥분, 감정 ; with emotion 감동[감격]하여	명	emotion [imóuʃən] 이모우션
83	동	동경하다, 그리워하다, 간절히 바라다, 열망하다	동	long [lɔːŋ/ lɔŋ] 로-옹 / 롱
84	산	산업의, 공업의, 산업용의, 공업용의, 산업에 종사하는	형	industrial [indʌ́striəl] 인더스뜨리얼
85	에	에이커, 토지, 논밭, 대량	명	acre [éikər] 에이커
86	서	서라운드, 에워싸다, 둘러싸다, 포위하다, 에두르다	동	surround [səráund] 서라운드
87	놀	놀라게 하다, ~을 불시에 덮치다 ; 놀람, 경악, 놀라운 일	동	surprise [sərpráiz] 서프라이즈

번호	가사	뜻	품사	단어
88	고	고우 베드, 나빠지다, 썩다 ; Milk went bad. 우유가 상했다		go bad 고두 배드
89	있	있터-너디, 영원, 무궁, 불사, 불명, 영원성	명	eternity [itə́ːrnəti] 이터-너디
90	을	얼빠진, 방심 상태의, 멍해 있는, 건성의	형	absent-minded [ǽbsəntmáindid] 앱슨트마인디드
91	때	때려치우다, 그만두다, 그치다, 중지하다, 포기하다	동	quit [kwit] 퀏
92	이	이렉트, 똑바로 선, 직립의 ; 세우다, 똑바로 세우다	형	erect [irékt] 이렉트
93	리	리듀-스, 줄이다, 축소하다, 떨어뜨리다, 진압하다	동	reduce [ridjúːs] 리듀-스
94	저	저작권, 판권 ; 판권을 갖고 있는, 저작권을 갖고 있는	명	copyright [kápi-ràit] 카피라잇
95	리	리즈너블, 분별 있는, 사리를 아는, 이치에 맞는, 온당한	형	reasonable [ríːz-ənəb-əl] 리즈너블
96	나	나무라다, 비난하다, ~의 책임으로 돌리다	동	blame [bleim] 블레임
97	를	얼라-암, 경보, 비상 신호, 놀람, 공포, 불안	명	alarm [əláːrm] 얼라-암
98	찾	찾트, 차-트, 도표, 그림, 해도, 수로도, 월간, 주간 순위표	명	chart [tʃɑːrt] 차- 트

99	는	언네서세리, 불필요한, 쓸데없는, 무용의, 무익한	형	unnecessary [ʌnnésəsèri] 언네서세리
100	아	아이설레잇, 고립시키다, 분리하다, 격리하다	동	isolate [áisəlèit] 아이설레잇
101	빠	빠울, 더러운, 불결한, 냄새 나는, 부정한, 반칙적인	형	foul [faul] 빠 울
102	의	의복, 의류, 피복, 덮개	명	clothing [klóuðiŋ] 클로우딩
103	얼	얼-아웃, 전력을 다한, 철저한, 완전한, 전면적인 ; go all-out 전속력으로 가다	형	all-out [ɔ́ːláut] 얼-라웃
104	굴	굴레, 속박, 굴종, 감금, 농노[노예]의 신분	명	bondage [bándidʒ] 반디지

Part Ⅵ

속담따라 첫말잇기로 자동암기

속담모음

순서

01 The grass is always greener on the other side of the fence.
남의 떡이 커 보인다.

1	남	남다른, 비상한, 대단한, 보통이 아닌, 엄청난, 특별한	형	extraordinary [ikstrɔ́:rdənèri] 익스뜨로-더네리
2	의	의논, 협의, 회의, 회담, 협의회	명	conference [kánfərəns] 칸뻐런스
3	떡	떡밥, 미끼, 먹이, 유혹(물), 유혹	명	bait [beit] 베 잇
4	이	이니시에잇, 시작하다, 개시하다, 창시하다, 창설하다, 입문시키다	동	initiate [iníʃièit] 이니시에잇
5	커	커-스, 저주하다, 악담하다, 모독하다, 욕설을 퍼붓다	동	curse [kə:rs] 커- 스
6	보	보일, 끓다, 비등하다, 끓어오르다, 끓이다, 삶다	동	boil [bɔil] 보 일
7	인	인서든트, (부수적으로) 일어나기 쉬운, 흔히 있는 ; 사건, 생긴 일	형	incident [ínsədənt] 인서든트
8	다	다루다, 처리하다, 관계하다, 상대하다	동	deal with ~ 디얼 위드

02 Bad news travels fast.
나쁜 소식 빨리 퍼진다.

1	나	뻔더멘틀, 기초의, 기본의, 근본적인, 중요한	형	fundamental [fʌndəméntl] 뻔더멘틀

2	뻔	나-카딕 어딕트, 마약중독자, 마약상용자		narcotic addict 나카딕 어딕트
3	소	소울리, 혼자서, 단독으로, 오로지, 전혀, 단지, 다만	부	solely [sóulli] 소울리
4	식	식클리, 병약한, 허약한, 골골하는, 창백한	형	sickly [síkli] 시클리
5	빨	빨로우잉, 다음의, 그 뒤에 오는, 뒤따르는	형	following [fálouiŋ] 빨로우잉
6	리	리터러쳐, 문학, 문예, 문학 연구, 문헌	명	literature [lítərətʃər] 리더러처
7	퍼	퍼-밋, 허락하다, 허가하다, 인가하다, 묵인하다	동	permit [pəːrmít] 퍼- 밋
8	진	진귀한, 귀중한, 가치 있는, 비싼	형	precious [préʃəs] 프레셔스
9	다	다이내믹, 동력의, 동적인, 힘 있는, 활기 있는	형	dynamic [dainǽmik] 다이내믹

03 Good things come in small packages. 작은 고추가 맵다.

1	작	작문하다, 작곡하다, (시·글을) 짓다, 만들다	동	compose [kəmpóuz] 컴포우즈
2	은	언더스땐딩, 이해, 깨달음, 납득, 식별, 이해력	명	understanding [ʌndərstǽndiŋ] 언더스땐딩

3	고	**고우 로옹**, 잘못되다, 좋지 않게 되다 ; Has anything gone wrong with him? 그에게 뭔가 좋지 않은 일이라도 있는가?		**go wrong** 고우 롱
4	추	**추-즈**, 고르다, 선택하다, 선정하다, 결정하다	동	**choose** [tʃu:z] 추-즈
5	가	**가디스**, 여신, (절세)미인, 숭배하는 여성	명	**goddess** [gádis] 가디스
6	맵	**맵**, 지도를 만들다, 실지조사하다, 배치하다	동	**map** [mæp] 맵
7	다	**다-트**, 던지는 창, 창던지기놀이 ; 창을 던지다, 쏘다	명	**dart** [da:rt] 다- 트

04 After the feast comes the reckoning. 잔치 뒤에 계산서가 따른다.

1	잔	**잔해**, 흔적, 폐허, 파멸, 파산, 몰락, 타락	명	**ruin** [rú:in] 루- 인
2	치	**치-쁠리**, 주로, 흔히, 대개	부	**chiefly** [tʃí:fli] 치-쁠리
3	뒤	**뒤집어엎다**, 전복시키다, 망쳐버리다, 엉망으로 만들다,	동	**upset** [ʌpsét] 업 셋
4	에	**에이비에이션**, 비행, 항공, 비행술, 항공학	명	**aviation** [èiviéiㅍʃən] 에이비에이션

5	계	계산하다, 산정하다, 합산하다, 추정하다, 어림하다, 평가하다	동	calculate [kǽlkjəlèit] 캘컬레잇
6	산	산출, 생산, 생산고, 산출고, 출력 ; 산출하다	명	output [áutpùt] 아웃풋
7	서	서브머-지, 섭머지, 물속에 잠그다, 가라앉히다, 빠뜨리다, 잠기다	동	submerge [səbmə́:rdʒ] 섭머-지
8	가	가버니스, 여자가정교사, 여성지사	명	governess [gʌ́vərnis] 가버니스
9	따	따라서, 그러므로, 그래서	부	accordingly [əkɔ́:rdiŋli] 어코-딩리
10	른	언레스트, 불안, 불온, 걱정	명	unrest [ʌnrést] 언레스트
11	다	다-큰, 어둡게 하다, 어두워지다, 흐려지다	동	darken [dɑ́:rkən] 다- 컨

05 The bigger they are, the harder they fall.
클수록 요란하게 넘어진다.

1	클	클래식, 일류의, 최고의, 걸작의, 고전의, 고전풍의, 고상한	형	classic [klǽsik] 클래식
2	수	수-퍼스티셔스, 미신적인, 미신에 사로잡힌, 미신에 약한	형	superstitious [sù:pərstíʃəs] 수-퍼스티셔스
3	록	록, 락, 흔들어 움직이다, 진동시키다, 흔들다	동	rock [rɔk, rɑk] 록, 락

4	요	요즈음, 최근에, 오늘날	부	lately [léitli] 레이들리
5	란	안심, 안도, 위안, 구원, 구조, 구제	명	relief [rilíːf] 릴리-쁘
6	하	하찮은, 대단치 않은, 사소한, 평범한, 일상의	형	trivial [tríviəl] 트리비얼
7	게	게이, 명랑한, 즐거운, 쾌활한, 건강한, 화려한 ; 동성애자	형	gay [gei] 게 이
8	넘	넘, 감각을 잃은, 얼어서 곱은, 마비된, 저린	형	numb [nʌm] 넘
9	어	어슈-움, 취하다, 떠맡다, 추정하다, 추측하다, 가정하다	동	assume [əsjúːm] 어슈-움
10	진	진력하다, 노력하다, 애쓰다 ; 노력, 진력, 시도	동	endeavor [endévər] 엔데버
11	다	다이제스천, 소화, 소화작용, 소화력, 동화력	명	digestion [daidʒéstʃən] 다이제스천

06 Insight is better than foresight. 선견지명보다 때 늦은 지혜가 낫다.

1	선	선이, 서니, 양지바른, 밝게 비치는, 명랑한, 쾌활한	형	sunny [sʌ́ni] 서 니
2	견	견주다, 비교하다, 대조하다, 비교되다, 필적하다	동	compare [kəmpɛ́ər] 컴페어

3	지	지시하다, 지령하다, 명령하다, 가르치다, 교육하다, 훈련하다	동	instruct [instrʌ́kt] 인스뜨럭
4	명	명심하다, 마음속에 기억하다, 간직하다		keep ~ in mind 키이 핀 마인드
5	보	보-링, 지루한, 따분한	형	boring [bɔ́:riŋ] 보- 링
6	다	다이어리, 일기, 일지, 일기장	명	diary [dáiəri] 다이어리
7	때	때때로, 이따금씩, 가끔, 왕왕, 임시로	부	occasionally [əkéiʒənəli] 어케이저늘리
8	늦	늦추다, 미루다, 연기하다,늦어지다, 자제하다	동	delay [diléi] 딜레이
9	은	언더레잇, 낮게 평가하다, 과소평가하다, 얕보다, 경시하다	동	underrate [ʌ̀ndəréit] 언더레잇
10	지	지방, 지역, 시골, (학문의) 범위, 분야	명	province [prάvins] 프라빈스
11	혜	혜택, 이익, 이득, 은혜, 은전	명	benefit [bénəfit] 베너삣
12	가	가망 있는, 유망한, 믿음직한 ; a youth 유망한 청년	형	promising [prάməsiŋ] 프라머싱
13	낫	낫 A 벗 B, A가 아니라 B ; He is not a clerk but an engineer. 그는 사무원이 아니라 기술자다.		not A but B 낫 A 벗 B
14	다	다이제스티브, 소화의, 소화를 돕는, 소화력이 있는	형	digestive [daidʒéstiv] 다이제스띠브

07 It never rains but it pours. 엎친 데 덮친 격

1	엎	엎프로우치, 어프로우치, ~에 가까이 가다, 접근하다, 접근시키다	동	approach [əpróutʃ] 어프로우치
2	친	친밀한 사이다, ~와 친하게 지내다, ~와 사이가 좋다		be on good terms with 비 온 굿 텀즈 위드
3	데	데서터니, 운명, 숙명, 운	명	destiny [déstəni] 데스떠니
4	덮	덮다, 숨기다, 감추다, ~에 베일을 씌우다 ; 덮개, 씌우개	동	veil [veil] 베 일
5	친	친, 턱, 턱 끝	명	chin [tʃin] 친
6	격	격감하다, 감소하다, 줄다 ; 격감, 감소, 축소, 감퇴	동	decrease [díːkriːs] 디크리-스

08 Lightening never strikes twices in the same place. 벼락은 같은 장소에 두 번 떨어지지 않는다.

1	벼	벼랑, 낭떠러지, 절벽	명	cliff [klif] 클리쁘
2	락	악담하다, 나쁘게 말하다, 험담하다		speak ill of ~ 스삐크 일 어브
3	은	언오잉, 어노잉, 성가신, 귀찮은, 지겨운	형	annoying [ənɔ́iiŋ] 어노잉

No.		뜻	품사	단어
4	같	같은 방식으로, 마찬가지로		in the same way 인 더 세임 웨이
5	은	언클리-인, 불결한, 더럽혀진, 순결하지 않은, 부정한	형	unclean [ʌnklíːn] 언클리-인
6	장	장치, 설비, 고안물, 고안, 계획, 방책	명	device [diváis] 디바이스
7	소	소우, (씨를) 뿌리다, 퍼뜨리다, 유포하다	동	sow [sou] 소 우
8	에	에너제틱, 정력적인, 원기 왕성한, 활동적인, 강력한	형	energetic [ènərdʒétik] 에너제딕
9	두	두 더 워싱, 빨래를 하다		do the washing 두 더 워싱
10	번	번, 롤빵(건포도를 넣은 달고 둥근 빵)	명	bun [bʌn] 번
11	떨	떨다, 전율하다, 와들와들 떨다, 흔들리다 ; 떨림, 전율	동	tremble [trémb-əl] 트렘블
12	어	어슈어, 보증하다, 보장하다, 납득하다, 확신하다, 확실하게 하다	동	assure [əʃúər] 어슈어
13	지	지력(知力), 지성, 이지, 지능 ; a man of intellect 지성 있는 사람	명	intellect [íntəlèkt] 인털렉트
14	지	지-어그래삑, 지리적인, 지리학적인	형	geographic [dʒìːəgrǽfik] 지-어그래삑

15	않	않을 수 없다, 할 수 밖에 없다 ; I couldn't help crying at the sight. 그 광경에 울리 않을 수 없다.		cannot help ~ing 캔낫 헬프 ~ing
16	는	언토울드, 언급되어 있지 않은, 밝혀지지 않은	형	untold [ʌntóuld] 언토울드
17	다	다이버-트, 돌리다, 전환하다, 전용하다	동	divert [daivə́:rt] 다이비-드

09 No news is good news. 무소식이 희소식

1	무	무기, 병기, 흉기 ; 무장하다	명	weapon [wépən] 웨펀
2	소	소우셜, 사회적인, 사교적인, 친목적인, 사교계의	형	social [sóuʃ-əl] 소우셜
3	식	식크니스, 시크니스, 병, 건강치 못함	명	sickness [síknis] 시크니스
4	이	이-치 아더, 서로 ; The boy and the girl helped each other. 소년과 소녀는 서로 도왔다.		each other 이치 아더
5	희	희든, 히든, 숨은, 숨겨진, 숨긴, 비밀의	형	hidden [hídn] 히 든
6	소	소울져, 군인, 병사, 용사	명	soldier [sóuldʒə:r] 소울저-
7	식	식, 시-익, 찾다, 추구하다, 탐구하다, 조사하다	동	seek [si:k] 시-익

10 Nothing hurts like the truth. 진실만큼 괴로운 것은 없다.

1	진	진기한, 호기심 많은, 사물을 알고 싶어 하는, 기묘한, 별난	형	curious [kjúəriəs] 큐리어스
2	실	실렉션, 선발, 선택, 정선, 선정, 발췌	명	selection [silékʃ-ən] 실렉션
3	만	만류하다, 말리다, 방해하다, 억제하다, 자제하다, 보류하다		hold back 호울드 백
4	큼	큼직이, 크게, 대단히, 매우, 훨씬, 위대하게	부	greatly [gréitli] 그레이들리
5	괴	괴로운, 아픈, 괴로운 듯한, 아픈 듯한, 힘든, 곤란한	형	painful [péinfəl] 페인펠
6	로	로우, 열, 줄, 횡렬, 늘어선 줄	명	row [rou] 로우
7	운	운집하다, 떼 지어 모이다, 밀려들다, 모여들다 ; 군중, 혼잡	동	throng [θrɔ(:)ŋ, θrɑŋ] 뜨롱, 뜨랑
8	것	것, 창자, 장, 내장, 배, 위	명	gut [gʌt] 것
9	은	언더에스터메잇, 싸게 어림하다, 과소평가하다, 얕보다	동	underestimate [ʌ̀ndəréstəmèit] 언더레스떠메잇
10	없	업패른트, (눈에) 또렷한, 보이는, 명백한, 곧 알 수 있는	형	apparent [əpǽrənt] 어패른트
11	다	다이렉트, 똑바른, 곧장 나아가는, 직계의, 직접의, 솔직한	형	direct [dairékt] 다이렉트

11 Blood is thicker than water. 피는 물보다 진하다.

1	피	피어스, 꿰지르다, 꿰뚫다, 관통하다, 간파하다, 통찰하다	동	**pierce** [piərs] 피어스
2	는	**언터치트,** 손대지 않은, 만지지 않은, 마음이 움직이지 않는	형	**untouched** [ʌntʌ́tʃt] 언터치트
3	물	**물러가다,** 칩거하다, 은퇴하다, 퇴직하다, 폐업하다	동	**retire** [ritáiəːr] 리타이어-
4	보	**보캐별러리,** 어휘, 단어표, 단어집, 어휘표	명	**vocabulary** [voukǽbjəlèri] 보캐별레리
5	다	**다수,** 대다수, 대부분, 다수파, 다수당, 절대다수	명	**majority** [mədʒɔ́(ː)rəti] 머조러디
6	진	**진노,** 격노, 분격, 격정, 흥분상태 ; 격노하다, 호되게 꾸짖다	명	**rage** [reidʒ] 레이지
7	하	**~하곤 했다 ;** She used to sing before large audiences. 그녀는 많은 청중 앞에서 노래하곤 했다.		**used to ~** 유스트 투
8	다	**다머넌트,** 지배적인, 유력한, 우세한, 우위를 차지하고 있는	형	**dominant** [dámənənt] 다머넌트

12 Familiarity breeds contempt.
친할수록 더 예의를 잘 지켜라.

1	친	친척, 친족, 인척	명	relative [rélətiv] 렐러디브
2	할	할인, 할인액, 할인율, 참작 ; 할인하다	명	discount [dískaunt] 디스카운트
3	수	수-퍼-브, 훌륭한, 멋진, 화려한, 뛰어난, 장려한	형	superb [suːpə́ːrb] 수-퍼-브
4	록	옥크, 오욱크, 참나무, 떡갈나무	명	oak [ouk] 오 욱
5	더	더스트, 먼지, 티끌, 흙, 가루, 분말, 재	명	dust [dʌst] 더스트
6	예	예외, 제외, 이례 ; without exception 예외 없이 [없는]	명	exception [iksépʃən] 익셉션
7	의	의식, 의례, 식, 형식	명	ceremony [sérəmòuni] 세러모우니
8	를	얼터메이텀, 최후의 말, 최후통첩, 궁극의 결론	형	ultimatum [ʌ̀ltəméitəm] 얼터메이텀
9	잘	잘못하다, 실수하다		make a mistake 메이 커 미스테익
10	지	지어, 조소, 조롱, 야유 ; 조롱하다, 조소하다, 야유하다	명	jeer [dʒiər] 지 어

11	켜	켜, 층, 단층	명	layer [léiəːr] 레이어-
12	라	라이즈, 일어서다, 일어나다, 오르다, 다시 살아나다	동	rise [raiz] 라이즈

13 Birds of a feather, flock together. 유유상종

1	유	유-니언, 유-년, 결합, 합동, 조합, 동맹, 협회, 노동조합	명	union [júːnjən] 유- 년
2	유	유-니언, 유-년, 결합, 합동, 조합, 동맹, 협회, 노동조합	명	union [júːnjən] 유- 년
3	상	상상하다, 마음에 그리다, 가정하다, 추측하다, 짐작하다	동	imagine [imædʒin] 이매진
4	종	종교, 종파, 신앙(생활), 신앙심, 헌신, 신봉	명	religion [rilídʒ-ən] 릴리즌

14 In unity there is strength. 뭉치면 산다.

1	뭉	뭉클하게 하는, 감동시키는, 애처로운, 가여운	형	touching [tʌ́tʃiŋ] 터칭
2	치	치다, 두드리다, 때리다, 부딪치다	동	beat [biːt] 비-잇

3	면	면밀한, 빈틈없는, 철저한, 충분한, 완벽한, 완전한	형	thorough [θə́ːrou, θʌ́r-] 떠-로, 떠로
4	산	산들바람, 미풍, 연풍, 부드러운 바람	명	breeze [briːz] 브리-즈
5	다	다잉, 죽어가는, 임종의, 임종 시의, 죽을 운명의	형	dying [dáiŋ] 다 잉

15 It takes two to tango. 손바닥도 마주쳐야 소리가 난다.

1	손	손의, 손으로 하는, 손으로 만드는, 수제의, 수공의 ; 소책자	형	manual [mǽnjuəl] 매뉴얼
2	바	바운드, 경계, 영역 내, 관내, 영내, 범위, 한계	명	bound [baund] 바운드
3	닥	닥, 독, 선창, 선착장, 부두,	명	dock [dɑk] 닥
4	도	도발하다, 자극하다, 일으키다, 성나게 하다, 유발시키다	동	provoke [prəvóuk] 프러보욱
5	마	마인, 광산, 철광, 풍부한 자원, 보고, 지뢰, 기뢰	명	mine [main] 마인
6	주	주요한, 제 1의, 중요한 ; 장, 장관, 사장, 교장	형	principal [prínsəpəl] 프린서플
7	쳐	처벌, 형벌, 벌, 응징, 징계, 본보기	명	punishment [pʌ́niʃmənt] 퍼니시먼트

8	야	야-드, 안마당, 구내, 교회의 경내	명	**yard** [jɑːrd] 야- 드
9	소	소욱, 젖다, 잠기다, 흠뻑 적시다, 적시다, 빨아들이다	동	**soak** [souk] 소 욱
10	리	리어, 뒤, 배후, 후위, 후방 ; 기르다, 재배하다, 육성하다	명	**rear** [riəːr] 리 어-
11	가	가난, 빈곤, 결핍, 부족, 열등	명	**poverty** [pávərti] 파버디
12	난	난버-블, 비언어적인, 말에 의하지 않는, 말을 쓰지 않는, 말이 서툰	형	**nonverbal** [nɑnvə́ːrbəl] 난버-벌
13	다	다이애그늘, 대각선, 사선, 비스듬한 줄 ; 대각선의	명	**diagonal** [daiǽgənəl] 다이애거늘

16 A man is known by the company he keeps. 친구를 보면 그 사람을 안다.

1	친	친밀한, 친한, 절친한, 깊은, 자세한, 정통한	형	**intimate** [íntəmit] 인터밋
2	구	구경꾼, 관객, 관찰자, 목격자, 방관자	명	**spectator** [spékteitəːr] 스뻭테이러-
3	를	얼터밋, 최후의, 마지막의, 궁극의, 최종적인	형	**ultimate** [ʌ́ltəmit] 얼터밋
4	보	보이드, 빈, 공허한, 없는, 결핍한, 무효의, 무익한	형	**void** [vɔid] 보이드

5	면	면구스러운, 당혹스런, 당황스러운, 거북한,	형	embarrassed [imbǽrəst] 임배러스트
6	그	그레이브, (문제·사태 등이) 중대한, 위독한, 예사롭지 않은	형	grave [greiv] 그레이브
7	사	사-캐스틱, 빈정거리는, 비꼬는, 풍자의, 신랄한	형	sarcastic [sɑːrkǽstik] 사-캐스딕
8	람	암기하다, 기억하다, 명심하다	동	memorize [méməràiz] 메머라이즈
9	을	얼-머낵, 달력, 연감	명	almanac [ɔ́ːlmənæ̀k] 어-얼머낵
10	안	안락하게, 기분 좋게, 마음 놓고, 고통 없이	부	comfortably [kʌ́mfərtəbəli] 캄뻐터블리
11	다	다양하게 하다, 변화를 주다, 변경하다, 다르다	동	vary [vɛ́əri] 베 리

17 Two heads are better than one. 백지장도 맞들면 낫다.

1	백	백 업, 후진시키다, 후퇴하다, 지지하다, 후원하다		back up 배 껍
2	지	지점, 지국, 출장소, 가지, 분지	명	branch [bræntʃ] 프랜치
3	장	장식하다, 꾸미다, ~에 광채를 더하다, 보다 매력적으로 하다	동	adorn [ədɔ́ːrn] 어도-온

4	도	도덕, 윤리, 선행, 덕행 ; 도덕적, 윤리적	형	moral [mɔ́(:)r-əl] 모 를
5	맞	맞는, 옳은, 정확한, 정당한 ; 바로잡다, 고치다, 정정하다, 교정하다	형	correct [kərékt] 커렉트
6	들	들어매틱, 드러매틱, 극의, 극적인상적인, 연극 같은	형	dramatic [drəmǽtik] 드러매딕
7	면	면밀히, 엄밀히, 친밀히, 주의하여	부	closely [klóusli] 클로우슬리
8	낫	낫 온리 A 벗 오올소우 B, A뿐 아니라 B도 (또한): It is not only beautiful, but also useful. 그것은 아름다울 뿐 아니라 유익하기도 하다.		not only A but (aslo) B 나 도운리 A 벗 (얼소우) B
9	다	다웃뻘리, 의심스럽게, 수상쩍게, 막연히	부	doubtfully [dáutfəli] 다웃뻘리

18 Two's company but three's crowd. 둘은 친구가 되지만 셋은 삼각관계가 된다.

1	둘	둘러대다, 변명하다, 구실을 대다, 용서하다, 너그러이 봐주다	동	excuse [ikskjú:z] 익스뀨–즈
2	은	언아더, 다른 하나의, 또 하나의 ; 다른, 딴, 별개의	형	another [ənʌ́ðər] 언아더
3	친	친밀한, 친한, 가까운, 잘 알고 있는, 익숙한, 잘 알려진	형	familiar [fəmíljər] 뻐밀려

4	구	구입하다, 사다, 매수하다, 획득하다, 손에 넣다	동	purchase [pə́ːrtʃəs] 퍼-처스
5	가	가스프, 개스프, 헐떡거리다, 숨이 차다, 숨이 막히다 ; 헐떡거림	동	gasp [gæsp, gɑːsp] 개스쁘, 가-스쁘
6	되	되는 대로의, 닥치는 대로의, 임의의 ; at random 되는대로	형	random [rǽndəm] 랜 덤
7	지	지독한, 심한, 가공할, 소름끼치는, 굉장한	형	terrible [térəb-əl] 테러블
8	만	만연된, 널리 보급되어 있는, 광범위하게 퍼진	형	widespread [wáidspréd] 와이드스쁘레드
9	셋	셋딩, 놓기, 정하기, 환경, 주위, 배경, 무대장치	명	setting [sétiŋ] 세 팅
10	은	언앨러지, 어낼러지, 유사, 비슷함, 닮음, 유추	명	analogy [ənǽlədʒi] 어낼러지
11	삼	삼가다, 제지하다, 금하다, 제한하다, 억제하다	동	restrain [ristréin] 리스뜨레인
12	각	각가지의, 가지가지의, 여러 가지의, 가지각색의	형	various [vέəriəs] 베리어스
13	관	관객, 청중, 청취자, 시청자	명	audience [ɔ́ːdiəns] 어-디언스
14	계	계약, 약정, 계약서 ; 계약하다, 계약을 맺다	명	contract [kɑ́ntrækt] 칸트랙

15	가	가-브, 복장, 옷매무새, 옷차림, 외관 ; ~을 입다, ~의 복장을 하다	명	garb [gɑːrb] 가- 브
16	덴	덴틀, 치과의, 이의, 치과용의	형	dental [déntl] 덴 틀
17	다	다이, 물감, 염료, 색깔, 색조 ; 물들이다, 염색하다	명	dye [dai] 다 이

19 An apple a day keeps the doctor away. 하루에 사과 하나면 병원을 멀리할 수 있다.

1	하	하-모나이즈, 조화시키다, 화합시키다, 일치시키다	동	harmonize [hɑ́ːrmənàiz] 하-머나이즈
2	루	루-트, 도로, 길, 통로, 노선, 수단, 방법	명	route [ruːt] 루- 웃
3	에	에뽀트, 노력, 수고, 진력, 노력의 결과, 역작, 노작	명	effort [éfərt] 에뻐트
4	사	사사로운, 개인적인, 자기만의, 본인 스스로의, 직접의	형	personal [pə́ːrsənəl] 퍼-스늘
5	과	과실, 잘못, 결점, 허물, 결함, 단점, 흠, 책임, 죄	명	fault [fɔːlt] 뽀-올트
6	하	하지만, 그렇지만, 그럼에도 불구하고	부	nevertheless [nèvəːrðəlés] 네버-덜레스

7	나	나우 덴, 그렇다면, 그러면		now then 나우 덴
8	면	면구스러운, 부끄러이 여기는, 수줍어하는, 부끄러운	형	ashamed [əʃéimd] 어쉐임드
9	병	병, 질병, 불건전, 퇴폐, 악폐	명	disease [dizíːz] 디지–즈
10	원	원–, 워–언, 경고하다, 조심하게 하다, 알리다, 통고하다	동	warn [wɔːrn] 워– 은
11	을	얼떨결, 혼돈, 혼란, 당황, 얼떨떨함	명	confusion [kənfjúːʒən] 컨뿌–즌
12	멀	멀터플라이, 늘리다, 증가시키다, 곱하다, 배가시키다	동	multiply [mʌ́ltəplài] 멀터플라이
13	리	리커, 독한 증류주, 알코올음료, 술	명	liquor [líkər] 리 커
14	할	할증금, 할증가격, 프리미엄, 포상금, 상여, 수수료	명	premium [príːmiəm] 프리–미엄
15	수	수–웃, 소송, 청원, 탄원, (복장의) 한 벌 ; 적합하게 하다, 일치시키다	명	suit [suːt] 수– 웃
16	있	있스께잎, 달아나다, 탈출하다, 도망하다, 벗어나다	동	escape [iskéip] 이스께입
17	다	다이애미러, 직경, 지름, (렌즈의) 배율	명	diameter [daiǽmitər] 다이애미더

20 If you can't beat them, join them. 상대를 이기지 못하면 차라리 한편이 되라.

1	상	상품, 상, 상금 ; 높이 평가하다, 존중하다, 소중히 여기다	명	prize [praiz] 프라이즈
2	대	대기, 천체를 둘러싼 가스체, 공기, 분위기, 기분	명	atmosphere [ǽtməsfìər] 애뜨머스삐어
3	를	얼터미들리, 최후로, 결국, 마침내, 궁극적으로	부	ultimately [ʌ́ltəmitli] 얼터미들리
4	이	이디엄, 숙어, 관용구, 고유어, 개성적인 표현방식	명	idiom [ídiəm] 이디엄
5	기	기어, 전동장치, 기어, 톱니바퀴 장치	명	gear [giər] 기 어
6	지	지내다, 보내다, 쓰다, 소비하다, 낭비하다, 다 써버리다	동	spend [spend] 스뻰드
7	못	못뜨, 나방, 옷좀나방	명	moth [mɔ(:)θ, mɑθ] 모뜨, 마뜨
8	하	하스틀, 적이 있는, 적개심에 불타는, 반대의, 호의적이 아닌	형	hostile [hástil] 하스들
9	면	면밀히, 주의 깊게, 신중히, 정성들여	부	carefully [kέərfəli] 케어뻘리
10	차	차-지, 짐을 싣다, 충전하다, 지우다, 부과하다 ; 책임, 의무	동	charge [tʃɑːrdʒ] 차 -지

11	라	아마, 필시, 대개는, 아마도	부	probably [prábəbli] 프라버블리
12	리	리-즌, 이유, 까닭, 변명, 동기, 도리, 이성, 지성	명	reason [rí:z-ən] 리즌
13	한	한가한, 볼일 없는, 선약이 없는, 자유로운, 속박 없는	형	free [fri:] 쁘 리-
14	편	편리한, 간편한, 능숙한, 알맞은, 다루기 쉬운	형	handy [hǽndi] 핸 디
15	이	이그잭들리, 정확하게, 엄밀히, 정밀하게, 꼼꼼하게, 틀림없이	부	exactly [igzǽktli] 이그잭들리
16	되	되살리다, 소생하게 하다, 회복시키다, 부활시키다	동	revive [riváiv] 리바이브
17	라	라잇, 정확히, 바르게, 옳게, 적절히, 바로	형	right [rait] 라 잇

21 If you can't stand the heat, get out of the kitchen.
절이 싫으면 중이 떠나야 한다.

1	절	(진행·처리의) 절차, 순서, 진행과정	명	procedure [prəsí:dʒər] 프러시-저
2	이	이그재저레잇, 과장하다, 지나치게 강조하다, 과대하게 보이다	동	exaggerate [igzǽdʒərèit] 이그재저레잇

3	싫	싫어하다, 미워하다 ; 싫음, 혐오, 반감	동	dislike [disláik] 디슬라익
4	으	어피-일, 호소하다, 간청하다, 간원하다, 항의하다, 상소하다	동	appeal [əpí:l] 어삐-일
5	면	(물건 · 문제 따위의) 면(面), 상(相), 위상, 단계, 국면	명	phase [feiz] 뻬이즈
6	중	중단시키다, 가로막다, 저지하다, 훼방 놓다	동	interrupt [intərʌ́pt] 인터럽
7	이	이로우니어스, 잘못된, 틀린	형	erroneous [iróuniəs] 이로우니어스
8	떠	떠-스트, 갈증, 목마름, 갈망, 열망 ; 갈망하다	명	thirst [θə:rst] 떠-스트
9	나	나누다, 분할하다, 쪼개다, 가르다, 분류하다	동	divide [diváid] 디바이드
10	야	야기하다, 일으키다, 원인이 되다 ; 원인, 이유, 까닭, 근거, 주장	동	cause [kɔ:z] 코- 즈
11	한	한결같이, 변함없이, 항상, 끊임없이, 빈번히	부	constantly [kάnstəntli] 칸스뜬들리
12	다	다웃틀리스, 의심할 바 없는, 확실한 ; 의심할 바 없이, 확실히	형	doubtless [dáutlis] 다웃리스

22 Leave well enough alone.
긁어 부스럼.

1	긁	긁다, 할퀴다, 할퀸 상처를 내다, 휘갈겨 쓰다	동	**scratch** [skrætʃ] 스끄래치
2	어	어스파이어, 열망하다, 포부를 갖다, 갈망하다, 대망을 품다	동	**aspire** [əspáiər] 어스빠이어
3	부	부-뜨, 노점, 매점, 공중전화박스	명	**booth** [buːθ] 부- 뜨
4	스	스캔, 대충 훑어보다, 세밀히 살피다	동	**scan** [skæn] 스 깬
5	럼	엄이드, 어미드, 중앙의, 가운데의, 중간의, 한창 ~하는 중에	형	**amid** [əmíd] 어미드

23 Look before you leap.
돌다리도 두들겨보고 건너야.

1	돌	돌, 달, 인형, 백치미의 여자, 매력적인 소녀	명	**doll** [dɔ(:)l, dɑl] 돌, 달
2	다	(손으로) 다루다, 사용하다, 조종하다, 취급하다, 처리하다	동	**handle** [hǽndl] 핸 들
3	리	리마인드, ~에게 생각나게 하다, ~에게 깨닫게 하다	동	**remind** [rimáind] 리마인드
4	도	도구, 기구, 비품, 장구, 수단, 방법 ; (약속 따위를) 이행하다	명	**implement** [ímpləmənt] 임플러먼트

5	두	두 위다웃, ~없이 때우다, ~없는 대로 해나가다		do without 두 위다웃
6	들	들엉크, 드렁크, 술 취한, (기쁨 등에) 취한, 도취한	형	drunk [drʌŋk] 드렁크
7	겨	겨레, 민족, 인종, 국민, 혈통, 씨족, 가족, 자손	명	race [reis] 레이스
8	보	보울드니스, 대담, 배짱, 무모, 철면피, 호방함	명	boldness [bóuldnis] 보울드니스
9	고	고마워하는, 감사하고 있는, 감사를 나타내는, 감사의	형	grateful [gréitfəl] 그레잇뻘
10	건	건먼, 총기 휴대자, 무장 경비원, 총잡이	명	gunman [gʌn-mən] 건먼
11	너	너-버스, 신경의, 신경성의, 신경질적인, 불안한	형	nervous [nə́:rvəs] 너-버스
12	야	야금야금, 조금씩, 점차		bit by bit 빗 바이 빗

24 Make hay while the sun shines. 쇠뿔도 단김에 빼라.

1	쇠	쇠퍼-드, 쉐퍼-드, 양치는 사람, 목동, 목양자	명	shepherd [ʃépə:rd] 쉐퍼-드
2	뿔	뿔리쉬, 뿌-울리쉬, 미련한, 어리석은, 바보 같은, 우스운	형	foolish [fú:liʃ] 뿌-울리시

번호	글자	뜻	품사	단어
3	도	도착하다, 닿다, 도달하다, 도래하다, 오다	동	arrive [əráiv] 어라이브
4	단	단과대학, 학부	명	college [kálidʒ] 칼리지
5	김	김, 안개, 수증기, 농무	명	fog [fɔ(:)g] 뽀 그
6	에	에이드, 돕다, 원조하다, ~을 거들다, 조성하다 ; 원조, 조력, 도움	동	aid [eid] 에이드
7	빼	빼민, 기근, 흉작, 굶주림, 배고픔, 결핍, 부족	명	famine [fǽmin] 빼 민
8	라	아둔한, 어리석은, 우둔한, 바보 같은, 시시한, 하찮은	형	stupid [stjúːpid] 스뚜–피드

25 Strike while the iron is hot.
쇠도 달구어졌을 때 때려야한다.

번호	글자	뜻	품사	단어
1	쇠	쇠터, 쇄터, 산산이 부수다, 박살내다, 파괴하다	동	shatter [ʃǽtəːr] 쇄 러–
2	도	도네이트, (자선사업 등에) 기증하다, 기부하다, 주다	동	donate [dóuneit] 도우네잇
3	달	달아나다, 멀리 도망가다		run away 러 너웨이
4	구	구별하다, 분별하다, 식별하다, 분류하다, 눈에 띄게 하다	동	distinguish [distíŋgwiʃ] 디스띵귀시

번호	글자	뜻	품사	단어
5	어	어사이드, 곁에, 곁으로, 떨어져서, ~은 제쳐놓고	부	aside [əsáid] 어사이드
6	졌	졌트, 돌출하다, 돌출시키다, 불룩 내밀다,	동	jut [dʒʌt] 졋
7	을	얼루어, 꾀다, 유혹하다, 부추기다, 낚다	동	allure [əlúər] 얼루어
8	때	때때로, 종종		from time to time 쁘람 타임 투 타임
9	때	때리다, 찰싹 때리다, 철썩 때리다	동	slap [slæp] 슬 랩
10	려	여인숙, 여관, 술집, 주막	명	inn [in] 인
11	야	야심, 야망, 대망, 큰 뜻, 향상심	명	ambition [æmbíʃən] 앰비션
12	한	한스러운, 유감스런, 슬퍼할 만한, 가엾은	형	regrettable [rigrétəb-əl] 리그레더블
13	다	다이어, 무서운, 비참한, 음산한	형	dire [daiər] 다이어

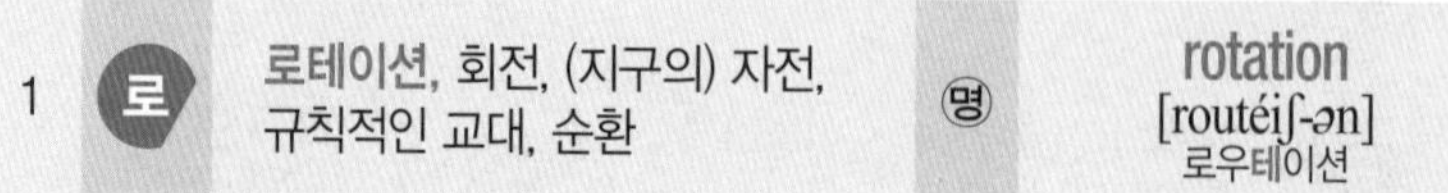

번호	글자	뜻	품사	단어
1	로	로테이션, 회전, (지구의) 자전, 규칙적인 교대, 순환	명	rotation [routéiʃ-ən] 로우테이션

No.		뜻	품사	단어
2	마	마이너, 보다 작은, 중요치 않은 ; 미성년자	형	minor [máinər] 마이너
3	에	에이리얼, 공기의, 대기의, 기체의, 공기와 같은, 덧없는, 공허한	형	aerial [ɛ́əriəl] 에리얼
4	가	가득하게 하다, 채우다, 잔뜩 채워 넣다, 충만하다	동	fill [fil] 삘
5	면	면접, 면회, 회견, 회담, 대담 ; 회견하다, 면접하다	명	interview [íntərvjùː] 인터뷰-
6	로	로테이션, 회전, (지구의) 자전, 규칙적인 교대, 순환	명	rotation [routéiʃ-ən] 로우테이션
7	마	마이너, 보다 작은, 중요치 않은 ; 미성년자	형	minor [máinər] 마이너
8	법	법석을 떨다, 떠들다, 소란피우다, 불평하다, 소리를 내다		make a noise 메이 커 노이즈
9	을	얼터-너티브, 대안, 다른 방도, 양자택일	명	alternative [ɔːltə́ːrnətiv] 어-얼터너디브
10	따	(남의 말·문장 등을) 따다, 인용하다, 쓰다, 예시하다	동	quote [kwout] 코우트
11	르	러비시, 쓰레기, 폐물, 잡동사니, 하찮은 것, 부질없는 생각	명	rubbish [rʌ́biʃ] 러비시
12	라	라잇뻘, 올바른, 정당한, 당연한, 적법의, 합법의	형	rightful [ráitfəl] 라잇뻘

27 Charity begins at home.
자선은 가정에서 시작된다.

1	자	자선, 자애, 자비, 박애, 자선단체, 자선기금	명	charity [tʃǽrəti] 채러디
2	선	선셋, 해넘이, 일몰, 해질녘, 저녁놀이 진 하늘	명	sunset [sʌ́nsèt] 선 셋
3	은	언더웨어, 내의, 속옷	명	underwear [ʌ́ndərwὲər] 언더웨어
4	가	가-든, 뜰, 마당, 정원, 공원, 유원지, 옥외	명	garden [gɑ́ːrdn] 가-든
5	정	정책, 방침, 방책, 수단, 경영법, 관리법	명	policy [pɑ́ləsi] 팔러시
6	에	에이블, 능력 있는, 재능 있는, 유능한, ~할 수 있는	형	able [éibəl] 에이블
7	서	서버-브, 교외, 근교, 도시 주변의 지역, 부근, 주변	명	suburb [sʌ́bəːrb] 서버-브
8	시	시리어스, 진지한, 진정인, 엄숙한, 심각한, 중대한	형	serious [sí-əriəs] 시리어스
9	작	작렬하다, 파열하다, 폭발하다, 격노하다	동	explode [iksplóud] 익스플로우드
10	된	덴서디, 밀집상태, 조밀도, 농도, 밀도, 비중	명	density [dénsəti] 덴서디
11	다	다이엇, 식품, 음식물, 규정식, 식이 요법, 음식 조리	명	diet [dáiət] 다이엇

28 Don't bite off more than you can chew. 분수에 맞는 일을 해라.

1	분	분만, 해산, 인도, 배달, 전달	명	delivery [dilívəri] 딜리브리
2	수	수프리-임, 최고의, 최상의, 가장 중요한, 극상의	형	supreme [suprí:m] 수프리-임
3	에	에이즌시, 기능, 작용, 행위, 힘 ; 대리점, 대리권, 취급점	명	agency [éidʒənsi] 에이즌시
4	맞	맞수, 적, 상대, 대항자 ; 반대하는, 적대하는, 맞서는,대립하는	명	opponent [əpóunənt] 어포우넌트
5	는	언스뽀우큰, 암암리의, 이심전심의, 언외의	형	unspoken [ʌnspóukən] 언스뽀우큰
6	일	일러스트레이션, 삽화, 도해, 실례	명	illustration [ìləstréiʃən] 일러스뜨레이션
7	을	얼얼하게 하다, 따끔따끔하게 하다, 찌르다, 괴롭히다, 톡 쏘다	동	sting [stiŋ] 스 띵
8	해	해필리, 행복하게, 즐겁게, 운 좋게, 다행히	부	happily [hǽpili] 해필리
9	라	라이틀리, 올바르게, 정당하게, 공정하게, 적절히	부	rightly [ráitli] 라이들리

이 도서의 국립중앙도서관 출판예정도서목록(CIP)은 서지정보유통지원시스템 홈페이지(http://seoji.nl.go.kr)와 국가자료공동목록시스템(http://www.nl.go.kr/kolisnet)에서 이용하실 수 있습니다.(CIP제어번호: CIP2015035374)